KB035544

파는 건
똑같은데
왜 그 가게만
잘될까?

돈 버는 골목
점포의 비밀

| 이철민, 박홍인 공저 |

파는 건 똑같은데 왜 그 가게만 잘될까?

북포스

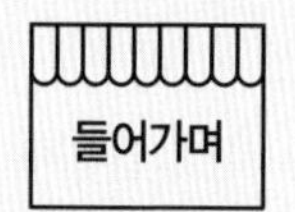

창업 필수 준비물, 콘셉트

불과 수개월 전까지도 저는 전화 상담이나 대면 상담을 통해 하루에 10명 이상의 예비창업자를 만났습니다. 또 월 2~3회의 소상공인 교육을 통해 그들의 살아 있는 이야기를 들었습니다. 그때마다 예비창업자에게 빼놓지 않고 물어보는 것이 하나 있습니다. '창업 준비, 어떻게 하고 계신가요?' 이 질문을 던지면 대부분의 예비창업자들은 업종에 대한, 아이템에 대한, 상품구성에 대한, 점포 인테리어와 상권에 대한 이야기를 합니다. 그럼 저는 다 듣고 난 후 한 번 더 질문을 드립니다.

"그럼, 장사 방식은요? 장사를 어떻게 하실 건가요?"

그런데 그 대답은 시원하게 듣지 못합니다. 이 질문은 일반 기업체에서 흔히 말하는 비즈니스 모델을 묻는 것입니다. 장사를 어떻게 할 거냐는 질문은 전략과 노하우에 대한 질문이자 옆 가게와 다른 나만의 방식에 대한 질문입니다.

'남다른 방식', 이것이 이 책을 통해서 여러분에게 이야기하고 싶은, 제가 말하는 '창업의 콘셉트' 이야기입니다.

자기보다 더 넓고 좋은 위치에서, 더 화려하고 편리한 인테리어로 매장을 꾸며 놓고 장사하는 경쟁 점포가 빤히 있는데도 불구하고 왜 어떤 예비창업자는 애써 그 지역에서 장사를 하려 할까요? 반면 어떤 소점포 사장님은 경쟁자가 없는 청정 독점 지역에서조차 고전합니다. 이해하기 어려운 이 현상의 본질에 콘셉트가 놓여 있습니다. 콘셉트란, 끈적한 자기만의 것을 의미합니다.

창업 준비란 콘셉트 찾기

⋮

현재 장사를 하고 있는 소상공인 1만 명에게 물었습니다. 자영업을 하게 된 동기가 뭔가요? 10명 중 8명이 '먹고 살기 위해서'라고 대답합니다. 농담처럼 던지는 '나도 장사로 돈 좀 벌어볼까?' 하는 말이 진짜 창업 동기인 사람은 10명 중 2명도 채 되지 않습니다. 왜 그럴까요? 회사에서 내몰린 사람들이, 먹고는 살아야 하니까 어쩔 수 없이 창업 대열에 합류한 결과입니다.

이렇게 많은 사람들이 당장 먹고 살아야 하는 이유로 창업을 하다 보니 창업 준비를 제대로 할 만큼 여유롭지 못합니다. 그러다보니 신규 창업자 열에 여섯은 피자, 치킨, 미용실, 카페 등 빤한 업종을 고릅니다.

좁은 상권에서 서로 비슷한 업종으로 창업을 하다 보니 당연히 경쟁은 심해지고, 서로 나눠 먹기 식의 장사를 하다 보니 순수익이 아닌 월

평균 매출액이 고작 400만 원에도 미치지 못하는 소점포들이 절반 가까이 이릅니다. 물론 400만 원 매출에 순이익이 50%라면 그럭저럭 괜찮을지도 모릅니다. 그러나 창업하려고 큰돈이 투자되었거나 대출이라도 받은 상황이라면 이런 매출로는 어림도 없어집니다. 어쩌다 같은 상권에 돈 많고 기술 좋은 사람이 좋은 자리라도 치고 들어오면 크게 타격을 받아 전전긍긍하며 버티다가 결국 누군가의 삶은 무너져야 하는 것입니다. 음식점의 경우 그렇게 3년 안에 주인이 바뀌거나 문을 닫는 가게가 90%가 된다고 합니다.

정말 창업으로 대박을 기대해도 될까요? 차마 대박을 기대하지 않더라도 성공창업의 확률을 높이는 방법은 어디 없을까요? 아니, 일단 내 가게를 찾도록 하려면, 나아가 재방문하도록 만들려면 어떻게 해야 할까요?

그 지점에서 우리는 '콘셉트(Concept)'라는 단어와 마주합니다. 우리에게 콘셉트가 없다는 말은, 수많은 가게 가운데 하나가 되겠다는 뜻이며, 콘셉트가 있는 가게를 빛내주는 조연 역할을 자처한다는 의미입니다. 고객의 시선을 사로잡고, 고객의 기억에 남으려면 무엇보다 콘셉트가 있어야 하며, 이는 창업의 필수 준비물입니다.

예비창업자는 창업 준비 기간에 무엇보다도 콘셉트를 찾는 일에 매달려야 합니다. 이를 위해서 창업 준비 기간을 길게 잡아야 합니다. 콘셉트 찾기를 창업 결정 전부터 준비한다면 더할 나위 없이 좋겠지요.

생각부터 고쳐먹어야 합니다. 예비창업자들은 '창업 준비'와 '개업절차'를 혼동합니다. 점포를 구하고, 인테리어를 하고, 장비와 초도물품을 들여 놓는 것은 개업절차이지 창업 준비가 아닙니다. 진정한 의미에서 창업 준비란 콘셉트를 찾는 것입니다.

닭장 속의 수많은 닭 중에 눈에 띄는 저 닭

대한민국에는 수많은 여자 배우들이 있습니다. 그 중 누구는 짧게 활동하고 팬들의 기억에서 잊히는 반면 누구는 오랜 시간을 두고 팬들의 사랑을 받습니다. 굳이 예를 들자면 이영애, 수지, 공효진, 이하늬 등 이들은 모두 우열을 가리기 힘들 정도로 출중한 외모를 자랑합니다. 그런데 자세히 보면 외모만 갖고 있는 것이 아닙니다. 이들은 모두 뛰어난 외모와 동시에 기억에 남는 뭔가가 하나씩 있습니다. 산소 같은 여자 이영애는 과거에 찍은 드라마, CF를 통해 단아함으로 기억되고, 수지의 경우 영화 건축학개론에 출연한 후 팬들에게 청순함으로 기억됩니다. 공효진은 발랄함으로, 이하늬는 섹시함으로 팬들은 기억합니다. 그 '뭔가 하나', 그것이 수많은 여배우들 중에서 이들이 팬들의 기억에 오래 남게 하는 나만의 색깔, 즉 콘셉트입니다.

별이 가득한 여름밤 하늘은 언제나 아름답습니다. 그러나 그 수많았던 여름밤 중 특별하게 기억나는 여름밤이 하나씩 있습니다. 왜 유독 그 여름 밤하늘만 오래 기억에 남을까요? 그 밤이 가슴 깊이 자리를 잡은 것은 아마도 사랑하는 사람과 지낸 특별한 어느 날 때문일 것입니다. 그러므로 콘셉트는 뭔가 특별한 경험과 감정을 통해 고객과 당신의 가게를 연결하는 고리가 됩니다. 콘셉트는 그것 때문에 오래 기억되게 하는 강력한 기억장치입니다.

여자 배우가 그저 예쁘기만 하고 다음이 없다면, 즉 다른 여배우들과 구별되는 것이 없다면 팬들에게 오래 기억되기 힘들 것입니다. 식당도 마찬가지입니다. 맛있다, 다음으로 떠오르는 것이 없다면 곤란합니다. 맛있는 것으로는 평범한 것에 지나지 않습니다. 요즘 웬만한 식당들은 다 맛있기 때문입니다. 식당에서 맛은 기본입니다. 친절한 서비스도 기본이지요. 양을 많이 주거나 값이 싼 것도 장사꾼이라면 비교적 쉽게 선택할 수 있는 그야말로 기본적인 것들입니다. 이 정도로는 고객들의 기억에 가장 먼저 떠오르지도 오래 기억되지도 않습니다. 누구나 그 정도는 하고 있기 때문입니다. 소점포 자영업은 기본, 그 다음으로 떠오르는 필살기가 있어야 합니다. 그것이 바로 콘셉트입니다.

가장 먼저 떠오르는 '뭔가 하나'가 없다면 그런 가게는 지역에 강력한 경쟁자가 나타나면 고전하게 됩니다. 그러므로 콘셉트란 지금 비교적 잘하고 있다고 가정하면 그 평범한 98%를 특별한 100%로 바꿔주는 2%가 됩니다. 그 2%를 어떻게 만들어야 하는지 이제부터 하나씩 살펴보겠습니다.

2017년 11월

이철민, 박홍인

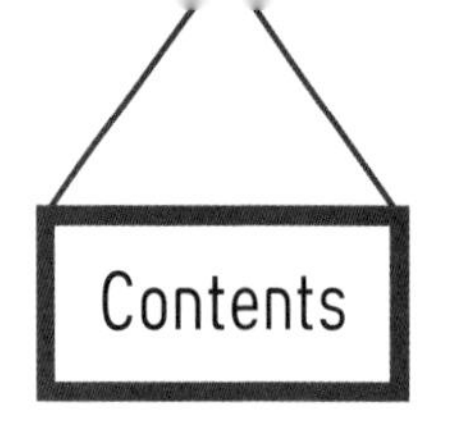

Contents

3장 오래가는 기술

4장 창업 준비 VS 성공 준비

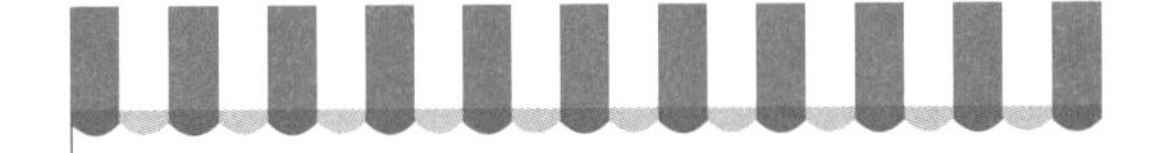

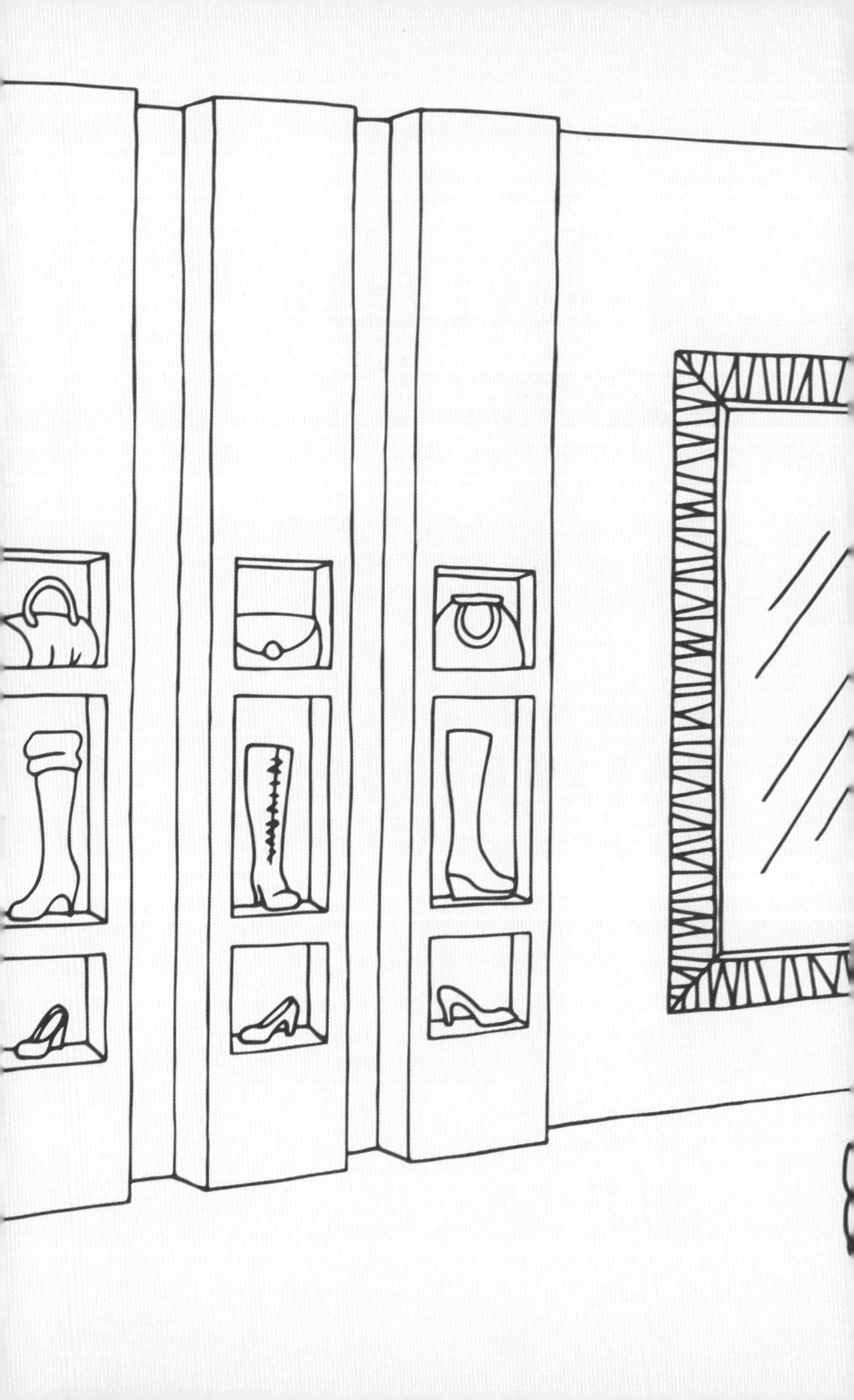

1장

잘 파는 기술

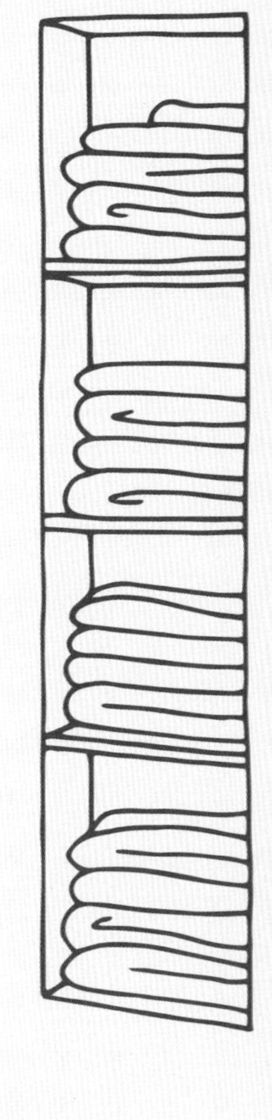

미안하지만

당신이 그 상권에서 또는 그 분야에서

1위가 아니라면

당신은 '좋아지기'보다는

'달라지기' 위해서 노력해야 한다.

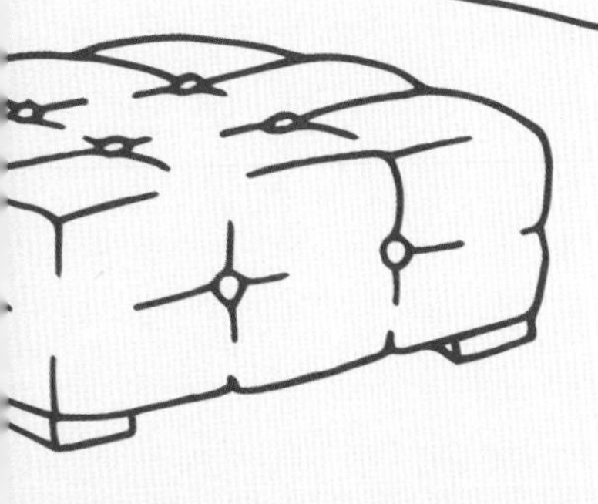

팔지 말고 유혹하라

기차가 도심을 벗어나 시골로 들어서자 멀리 초원이 펼쳐지고 그 위에 소 떼가 한가롭게 풀을 뜯는 모습이 보였다. '와, 멋지다!' 오랜만에 느끼는 여유로움에 더해, 한 없이 펼쳐진 목가 풍경은 우리의 시선을 빼앗기에 충분했다. 그러나 비슷한 풍경이 10분 이상 계속되자 이내 지루함으로 변했다. 조금 전만 해도 아름다웠던 풍경이 10분 만에 평범함으로 전락한다. 청명한 햇살 아래 잘 자란 튼튼한 소, 신선한 젖을 품은 소, 큰 소, 작은 소, 모두 지루하기 짝이 없다. 그런데 만약 그런 저런 소 사이에 '보랏빛 소'가 나타난다면? '이제 좀 흥미가 생기려나?'

〈보랏빛 소가 온다〉로 유명한 세스 고딘은 '마케팅이 지루하면 미래는 없다'고 단정 짓는다. 대한민국은 커피공화국이다. 커피전문점은 정점을 찍은 지 오래라는 전문가들의 판단에도 불구하고 공간만 있으면 커피집은 오픈된다. 2014년 통계청 조사에서 비알콜 음료점업(커피, 주스 등)은 전국에 약 56,000여개로 조사되었다. 여기에 빵집, 패스트푸드 등 유사 업종과 편의점 커피까지 포함하면 우리 주변은 온통 커피로 뒤덮여 있다. 그러나 이런 화려함의 이면에는 생존율 60%라는 냉엄한 현실이 존재한다. 1년 안에 두 곳 중 한 곳은 문을 닫는다. 커피집의 생존 경쟁은 치열하다.

세상의 모든 영숙이를 위한 커피가게

⋮

오피스 상권에서 가장 관심을 기울여야 할 것은 평일 점심시간의 회전률이다. 커피전문점의 경우 식사를 마친 손님의 대기시간과 테이크아웃의 적절한 타이밍 조절이 하루 매출을 좌우한다. 정동길 상권 역시 12시가 되면 정신이 쏙 빠질 만큼 바쁘다. 인근 사무실에서 우르르 쏟아져 나오는 직장인들을 소화하기 위해서 속도와의 전쟁을 치러야 한다. 지하철 2호선 시청역에서 시작하는 덕수궁길을 따라 걷다보면 정동사거리에 다다른다. 여기서는 정동극장 방향의 정동길과 배재학당 방향의 서소문로길로 갈린다. 덕수궁을 보려는 여행자들과 인근 직장인들이 어우러지는 이곳은 하절기에는 정기적으로 열리는 프리마켓이 길의 정겨움을 돋아 걷기 좋은 대표적인 가로수길로 꼽힌다.

서소문로길 방향으로 가다 보면 중간쯤에 커피집 몇 개가 나란히 영업을 한다. 그 중 한 점포의 젊은 남자 직원은 여자 손님의 나이는 개의치 않고 열심히 손님의 이름을 불러 댄다. 교복을 입은 여학생도 아니고 유니폼을 입은 인근 직장 여성의 이름을 말이다. 그런데 그 이름이 실명이라고 하기에는 너무 교과서스럽다. '영숙이'나 '경숙이'처럼 부르는 경우가 대부분이기 때문이다. 실제로 '흔한 이름으로 고객 부르기'는 마케팅을 위한 전략적 애교이며 유혹이다. '영숙아, 맛있는 커피 나왔어~ 빠르지?'라고 말하면 이름을 불린 영숙이는 자신과 동료의 커피를 받아들며 맞장구를 쳐준다. '고마워, 다음에 또 봐.' 짧은 인사를 나누고 즐겁게 무대에서 퇴장한다.

이 애교 섞인 호칭은 짧은 점심시간 동안 진행되는 이 커피집 청년들의 퍼포먼스 가운데 일부다. 3~4평 매장에 5명의 남자 직원이 끊임없이 커피를 뽑아내는 난리통에도 역할별로 쇼를 펼친다. 그래서인지 인접한 커피가게 가운데 이 집 대기자만 유독 길다. 이들에게 카운터 테이블은 영업장이 아니라 쇼를 보여주는 무대이고 손님은 자연스럽게 보조연기자가 된다. 장사는 한바탕 쏟아내는 쇼와 같다.

하이파이브로 주문하는 피자가게

⋮

10년쯤 전에 필자는 테이크아웃형 소점포 피자 전문점을 운영했다. 그때는 매우 드물게 반판 피자도 팔았다. 그러다보니 주머니가 가벼운 학생들을 위해 피자 한 조각도 팔게 되었다. 평소에 주인도 직원도 점포 앞을 지나다니는 학생들의 이름을 불러주고 그들의 장난을 받아주기도 하고 방문을 하면 하이파이브 세리머니를 펼쳤다. 그야말로 우리가 부르면 그들은 와서 놀았다.

어느 날인가 처음 방문한 손님이 묻는다.

"따로 주문하지 않았는데 어떻게 2조각인지 알아요?"

"아까 하이파이브를 두 번 했죠? 짝짝. 그게 단골과 소통하는 우리만의 방식이에요."

이런 작은 퍼포먼스들은 재미를 주고 판매의 과정을 지루하지 않게 한다. 더러는 그 하이파이브를 해 보고 싶어 일부러 조각 피자를 먹기도 한다. 손님들은 주문하고 계산하고 의미 없이 물건을 받아들고 가고 싶지 않은 것이다. 그들도 이왕이면 자신이 이용하는 가게의 직원들과 소통하고 싶다. 이런 작은 퍼포먼스 하나로 매출이 10%가량 오른다면 어떤가? 당연히 해야 하지 않을까.

빈틈 없는 운영보다는 단순한 하나를 팔아라

흔한 마케팅의 방법 중 하나인 쿠폰 방식은 10번째 도장이 박히면 그 다음은 1회 무료 서비스를 제공하겠다는 손님과의 약속이다. 그러다 보니 도장 10개를 받으면 그 다음은 고객입장에서 당연히 받아야 하는 권리가 생긴다. 서비스가 아니라 당연한 것이 된다. 이런 것은 어떨까? 어떤 커피집에는 쿠폰이 없다. 도장도 없다. 그저 눈과 기억과 경험에만 의지하여 대충 10번째 방문인 듯싶으면, 커피를 건네면서 손님에게 느닷없이 '이번 것은 공짜입니다. 그냥 드릴게요.'라고 말한다면 그 순간 손님의 표정은 어떨까? 똑같이 10번째에 무료로 한 잔을 주기는 마찬가지이지만 후자의 경우 손님은 횡재를 한 기분이 된다. 다만 이렇게 하려면 직원과 주인의 기억력이 상당히 좋아야 한다.

창조적 파괴란 이런 것 아닐까? 이 순간에도 이 방식의 단점과 부작용을 생각하는 독자는 혁신을 좀 더 생각하고 왔으면 좋겠다. 한 잔을 거저먹기 위해 거짓말하는 손님은 생각보다 많지 않다. 그것이 걱정된다면 차라리 경찰공무원 시험을 치를 것을 추천한다.

사실 위의 마케팅 방식은 필자가 피자집을 운영할 때 하던 방식이다. 나는 머리가 좋지 않아 9번째 또는 11번째에 서비스를 주기도 했다. 다행인 건 착한 손님들이 훨씬 많다는 점이고 오히려 손님들이 더 정확히 기억하고 있다는 점이었다. 그들은 아홉 번이면 아직 아니라고 말하고, 까먹고 있으면 열 번째라고 알려준다. 크게 걱정하지 않아도 된다.

사람은 이성적이다. 하지만 손님이라는 옷을 입으면 모두 감성적이고 단순하게 변한다. 손님은 무언가 선택해야 할 때는 즐거운 기억이 있었던 가게, 단 하나의 상품과 서비스로 깊게 인상을 받았던 가게를 먼저 떠올린다.

생존에 성공한 삼겹살집은 어디?

⋮

한 상권에 삼겹살을 파는 고기집이 세 곳이 있다. A가게는 신선한 고기를 파는 것이 강점이고, B가게는 푸짐한 양, C가게는 상대적으로 저렴한 가격이 강점이다. 이렇게 세 점포는 각각의 강점으로 고객에게 포지셔닝되어 있다. 어느 날 불안한 매출로 인해 경쟁점포를 벤치마킹 해보니 상대의 강점들이 눈에 들어왔다. 세 점포는 경쟁우위를 확보하고

자 슬그머니 전략적 변화를 시도한다. A가게는 '우리도 양을 푸짐하게 주자', B가게는 '가격을 좀 더 낮춰보자', C가게는 '우리도 신선함을 더 강조해 보자' 하고 마음을 먹는다.

한 달쯤 뒤에 세 점포 중 누가 경쟁우위를 차지했을까? 이들은 지역 상권을 찾는 유입 고객의 머릿속에, 각각 기존의 강점을 유지하고 있는 고기집으로 기억되고 있을까? 얕은 벤치마킹과 경쟁이 주는 함정이 이것이다. 경쟁은 제로섬 게임과 같다. 모두 내가 더 신선하고 더 많이 주고 더 싸다고 외친다면 그것은 이미 특별함이 아니다. 경쟁자를 카피하는 것은 전략 수립에 도움이 되지 않는다. 결국 그를 닮아 있을 테니까.

차별성은 어느 하나를 더 잘하는 것이다. 차별성이 무너지는 순간 기존의 강점은 흐려지고 고객의 기억에서 멀어진다. 양다리를 걸치려다 둘 다 잃게 된다. 한 자리를 수십 년 지키며 대를 이어 오는 가게들을 보면 초기의 우직함이 오늘을 지켜주는 원동력이 된다. 차별성을 확보하기 위해서는 경쟁의 소용돌이에서 빠져나와야 한다. 그리고 자신의 강점에서 뽑아낸 나만의 콘셉트로 승부를 걸어야 한다.

"리더 포지션을 확보하는 기본적 요소는 잠재 고객의 마인드에 가장 먼저 침투하는 것이고, 그 포지션을 계속 유지하기 위한 기본적 요소는 고유의 콘셉트를 강화하는 것이다."

〈포지셔닝〉의 공동 저자 잭 트라우트와 앨 리스의 설명이다. 자신의 강점으로 고객의 마음에 침투해 있었다면 또 하나의 새로움을 찾을 것이 아니라 기존의 것을 더 강화하라는 설명이다. 자고 깨면 새로운 강자가 나타나는 곳이 소점포 자영업 시장이다. 럭셔리했던 인테리어도 막 개업한 점포 앞에서는 구식일 수밖에 없다. 시간이 흐를수록 자재는 더 좋아지고 기술은 더 우수해질 테니까.

최고의 마케팅은 고객에게 최고의 상품을 제공하는 것이다. 그러나 그보다 더 잘하는 마케팅 방법은 '단 하나'로 고객의 생각에 제일 먼저 떠오르는 것이다.

그러므로 단 하나로 고객의 생각에 가장 먼저 떠오르는 가게가 되려면 마케팅은 개념부터 바뀌어야 한다. 과거에 마케팅의 개념이 고객에게 '판다'였다면, 오늘날의 마케팅 개념은 '고객을 유혹한다'이다. 과거에는 고객이 요구하는 상품을 팔았다면 개념이 바뀐 지금부터는 마음이 상상하는 것을 서비스해야 한다. 마케팅의 진짜 의미는 유혹이다.

• 성공 창업을 위한 질문 •

① 당신의 강점은 무엇이며 그 강점에서 어떤 '단 하나'를 끄집어낼 수 있는가?

② 그 '단 하나'는 유혹적인가?

차별성, 본질 뒤에 숨어 있다

창업을 성공으로 이끌기 위해서는 뭔가 달라야 한다. 상품이든 파는 기술이든 달라야 한다. 기왕이면 파는 기술이 남다른 것이 좋다. 남다른 방식, 이것이 차별성이자 콘셉트다. 차별성은 독특하게도 일반 기업보다 소점포가 갖고 있을 때 확산 가능성이 더 높다. SNS상에서 입소문을 타고 전파되는 맛집들을 보면 지역의 숨은 강자들인 경우가 많다. 그러므로 '나는 소점포이지 기업이 아니잖아?' 하고 포기하지 말고 상품과 서비스에서 차별성을 구현해야 한다(전략적 콘셉트도 갖고 있다면 금상첨화다.). 맛 좋은 것, 예쁜 것은 기본으로 '전락'했다. 입에 맞고 눈에 좋은 것만으로는 2% 부족하다. 단순히 감각적 만족을 선사하는 데서 그치지 않고 당신의 상품을 돋보이게 만드는 '나만의 그것'을 갖추자.

가게를 열기는 쉽다. 자금만 있으면 누구나 시작한다. 하지만 성공의 문을 여는 데는 또 하나의 열쇠가 필요하다. 최단거리로 고객의 가슴에 닿게 만드는 뭔가 필요하다. 고객의 뇌리에 번쩍 떠오르도록 만드는 뭔가 진한 게 필요하다. 차별성을 찾아보자.

버려진 천막에서 개성을 추구한 가방업체

⋮

여기, 극단적으로 차별성을 추구하여 성공한 소점포가 있다.

스위스의 작은 마을에 디자인을 업으로 삼고 살아가는 형제가 있었다. 1993년 어느 날 이 형제는 '비만 내리면 가방에 고이 넣어둔 종이 도면이 빗물에 젖는 현상'을 발견했다. 디자이너인 그들에게는 여간 골칫거리가 아니었다. '왜 세상의 가방업체들은 우리처럼 종이를 넣고 다녀야 하는 사람을 위한 가방은 만들지 않는 걸까?'

비가 억수로 쏟아지던 그날도 형제는 창밖을 바라보며 생각에 잠겼다. 그때 뿌연 아파트 창문 밖으로 짐을 잔뜩 싣고 빗속을 달리는 트럭이 눈에 들어왔다. 순간 머리 전구에 불이 켜졌다. '트럭에 실은 짐은 이 정도 비에도 끄떡없다는 말인가?' 형제는 인근 재활용 공장으로 달려가 수북이 쌓여 있는 차량용 폐천막을 샀다. 아파트 욕실에서 박박 문질러 세척하고 낡은 재봉틀에 올려 틀을 잡아갔다. 이웃 주민들이 드르륵 재봉틀 소리와 낡은 천막이 풍기는 역한 냄새를 항의하는 중에도 형제는 묵묵히 답을 향해 걸어갔다. 수십 장의 폐천막을 자르고 씻고 꿰매면서 차량용 천막의 속성을 이해하게 되었다. 그들은 어떻게 해야 폐천막을 깨끗이 씻어낼 수 있는지 세척법을 알게 되었고, 디자인이 제

각각이었던 천막의 어느 부분을 잘라 써야 상품으로서 가치가 생기는지, 어떻게 바느질을 해야 물이 스며들지 않는지 하나씩 터득해 갔다. 〈프라이탁(FREITAG)〉의 시작이었다.

프라이탁은 버려진 천막을 사용하여 가방을 만들어내는 스위스의 업사이클링 업체다. 그들이 포착한 가방의 본질은, 수납능력과 물건을 보호하고 안전하게 옮기는 운반능력에 있었다. 이 두 가지에 집중한 덕분에 프라이탁의 수제품 가방은 건장한 청년이 매달려도 버틸 만큼 튼튼하다. 책이 아닌 작업 공구를 넣고 다녀도 될 만큼 수납성도 뛰어나다. 당연히 물도 새지 않는다. 그러나 이게 전부가 아니다. 그들은 디자이너답게 개성을 추구하고 싶었다. 버려진 천막을 소재로 쓰는 까닭에 가방에는 누가 그렸는지 모르는 디자인이 반영될 수밖에 없다. 프라이탁 형제는 이를 제거하는 방법이 아니라 아름답게 살리는 쪽으로 방향을 잡았다. 그래서 세상에 단 하나뿐인 가방이 탄생한다. 원하면 디자인도 맞춤 주문이 가능하다.

형제의 차별화된 생산 전략은 가방의 본질을 지키면서도 개성을 담는 것이었다. 차량용 폐천막과 안전벨트, 자전거의 속 튜브라는 독특한 재료로 만든 개성만점의 디자인은 한눈에도 프라이탁임을 알게 한다. 재료의 투박함은 개성을 추구하는 청춘들 사이에서 B급이라는 이미지가 아니라 남다름을 보증하는 이름으로 퍼졌다. 가방은 곧 정체성이 된다. 비가 오면 품속으로 숨겨야 하는 명품가방과 달리 '비가 와도 끄떡없는, 나만을 위한 든든한 가방'이라는 명품 브랜드가 만들어진다.

수납이 용이하고 튼튼한 가방만을 추구했다면 어쩌면 그들은 군납품용 가방이나 공장용 가방 따위를 만들었을지도 모른다. 그러나 수년간 어딘가에서 쓰였던 천막의 역사를 기억하고 이를 살리는 쪽을 택한 끝에 그들은 차별화라는 성공 열쇠를 손에 넣었다. 잘 만든 차별화는 억지로 만들어지는 게 아니다. 내가 만들어가는 상품과 그 기술, 즉 본질 속에 차별화가 숨어 있다.

• 성공 창업을 위한 질문 •

① 당신이 선택하려는 창업 아이템의 본질은 무엇인가?

② 그 본질에는 차별성이 있는가?

고객이 사고 싶은 건 상품이 아니라 경험

돈 버는 방식이 너무 변했다. 과거의 농부는 자기 손으로 힘겹게 땅을 일궈 소득을 올렸지만 요즘 농부는 남에게 농사를 짓게 하고 돈을 번다. 마치 〈톰 소여의 모험〉에서 톰이 하기 싫은 울타리 페인트칠을 남에게 넘겨주고 사과를 얻어먹은 에피소드처럼 말이다. 최고급 소재와 뛰어난 장인의 손길로 만든 고급 가구 대신 길바닥에서 주워온 듯한 낡은 가구에 프리미엄이 붙는다. 찢어진 옷이 독창적 디자인이 된다. 세상이 달라진 것일까? 그렇지 않다. 누군가 게임의 방식을 바꾼 것이다. 세상을 비틀어보는 그 누군가가 말이다.

뛰는 놈 위에 나는 놈이 있다고 한다. 최신 버전은 이렇다. 나는 놈 위에 운 좋은 놈이 있다. 이것을 내 방식의 장사꾼 버전으로 바꾸면 '성실한 장사꾼 타고난 장사꾼 못 이기고, 타고난 장사꾼 즐기는 장사꾼 못

이긴다.'가 된다. 장사꾼이 자신의 상품을 파는 일은 즐거운 일이다. 그러나 팔기 위해 열심인 장사꾼보다 파는 과정을 즐기는 장사꾼이 더 잘 파는 세상이 되었다. 즐기는 장사꾼은 판매의 개념을 비튼다. 그들은 고객이 구매하는 건 상품이 아니라 그 이면에 담긴 가치임을 안다. 그 가치가 지닌 의미를 찾아내고 입혀 유행 전문점을 만들어내는 것이 그들의 차별화 전략이다.

나이키는 신발을 파는 업체가 아니라 당장이라도 달려가도록 만드는 정신, 즉 'Just do it'을 판다. 대기업이 운영하는 놀이공원은 롤러코스터만 팔지 않는다. 그들은 롤러코스터로 대변되는 스릴을 팔고, 가족, 친구, 연인과의 즐거운 시간과 같은 무형의 가치, 즉 경험을 판다. 대기업이 '경험'을 팔려고 하는 이유를 우리는 배워야 한다. 그런 전략은 돈 많은 곳이나 가능하다고? 아니다. 각자 덩치에 맞는 방식을 찾으면 된다. 소점포는 소점포답게 방식을 탐색하면 된다. 예컨대 이렇다.

소점포용 차별화 아이디어란 예컨대 이런 것!

❶ 기대치를 파는 헬스클럽 : 3개월 정기권을 팔고 뿌듯해하는 헬스클럽은 성실한 장사꾼에 불과하다. 즐기는 장사꾼은 3개월 뒤에 비키니를 챙겨 떠날 여름휴가를 상상하게 하고 확신을 판다. 목표치의 몸무게를 감량했을 때 느낄 수 있는 젊음을 판다면 소점포의 시장은 더 넓어진다.

❷ 회춘을 파는 건강 제품업체 : 실버 세대에게 건강 제품을 팔기보다는 회춘에 대한 기대치와 가능성을 팔아야 한다.

❸ 가족에게 건강을 파는 고깃집 : 갈비 3인분 판매에 집중하는 고깃집은

하수다. 즐기는 장사꾼이라면 모처럼 가족과 함께하는 건강한 식사시간을 전략적으로 세팅해야 한다.

❹ 팽팽한 피부를 파는 족발집 : 그동안 족발을 먹을거리로 접근했다면 이제는 콜라겐으로 유혹하고 팽팽한 피부를 되찾는 개념으로 접근한다면 목표 고객은 더 많아질 것이다.

유형의 물건이 아닌 무형의 가치로 비틀자

마포구청 인근에 있는 〈J칩스〉는 감자칩과 크림맥주를 판다. 점포 한 칸에서는 감자칩을 팔고 다른 칸에서는 동네 주민들에게 크림맥주를 판다. J칩스 윤 대표는 맥주 회사에서 근무했던 경력을 살려 2014년 봄에 창업 대열에 뛰어들었다. 사장이 맥주 전문가이니 감자칩 외에 당연히 크림맥주도 인기 메뉴다.

하지만 윤 대표가 진짜로 파는 것은 따로 있다. 자리에 앉아 메뉴를 주문하고 나면 메뉴보다 먼저 배달되는 것은 '재미'다. 매장 한쪽에 뜬금없이 주차되어 있는 낡은 황금 마티즈는 마치 인기영화 트랜스포머의 범블비를 연상케 한다. 위기가 찾아오면 언제든 변신할 것만 같다. 심플한 접이식 플라스틱 테이블과 빨간색 간이 의자는 편안하지도 럭셔리하지도 않다. 보통의 소점포는 인테리어를 위해 적지 않은 돈을 벽면에 들인다. 그런데 이곳의 벽면에는 펜으로 쓴 낙서뿐이다. 그러나 낙서가 톡톡 튄다. 매장의 구석구석을 돌아다니며 낙서를 읽는 재미는 감자칩을 먹고 나갈 때까지 지루할 틈을 주지 않는다.

가격도 착해서 감자칩을 좋아하는 청소년들에게도 인기다. 가방을 메고 귀가하던 학생들도 삼삼오오 들러 감자칩과 음료수를 먹고 간다. 공부에 지친 그들에게 윤 대표는 장사꾼이 아닌 형과 오빠로 다가가 마음을 다독이기도 한다. 손님에게 부지런히 메뉴 설명도 해주고 그냥 지나침 없이 대화하고 장난도 걸어온다. 그는 쉼 없이 손님들과 이야기로 소통한다.

소점포 예비창업자가 배워야 할 J칩스의 경쟁력은 크게 두 가지다.

첫째, 창업비용이 저렴하다.

어림잡아 계산해도 임차 보증금 포함 2천만 원이 채 들지 않았을 것 같다. 창업 상담과 지원을 하면서 늘 걱정되는 것 중 하나는 자꾸만 치솟는 소점포 창업자들의 창업비용이다. 창업을 위해 탈탈 털어 올인하고 그것도 모자라 대출까지 받는 모습을 볼 때마다 마음이 편치 않다. 높은 창업비용이 서민 예비창업자에 아킬레스건이라면 J칩스는 그 걱정을 한방에 날린다. 심지어 매장 벽면 한 구석에는 창업 준비 하느라 점포를 구하려고 발품을 팔 때 신던 운동화가 디스플레이 되어 있다. 초심을 지키기 위함이란다.

있는 게 돈밖에 없어서 시작한 장사는 안 돼도 걱정, 잘 돼도 걱정이다. 안 되면 당연히 걱정이고 잘 되면 지갑 두둑한 누군가 따라 할 수 있으니 걱정이다. 게다가 자본금이 더 풍부한 자가 나타나면 타격은 클 수밖에 없다. 나를 지킬 경쟁력이 없다. 그러므로 소점포 창업은 돈으로 살 수 없는 아이디어와 땀으로 해야 한다. 기왕이면 자신의 경험과 경력을 아이템에 연결하면 좋다. 자신의 과거에서 콘셉트를 찾으면 창업비용은 뚝뚝 떨어진다. 자신도 잘 모르는 생소하고 낯선 업종을 선택하면 초기 정착은 그만큼 늦어지고 이는 비용 지출이라는 결과물과 직결된다.

둘째, 재미와 편안함이라는 경험을 판다. 물론 맛은 기본이다.

J칩스의 매장은 특별한 인테리어가 없다. 마치 버려진 주차장 같은 공간에 의자와 테이블을 놓았고 나머지는 모두 사장과 직원들의 머리에서 쥐어짜낸 톡톡 튀는 낙서뿐이다.

예를 들면 매장 구석에 있는 낡은 에어컨에는 두꺼운 펜으로 이렇게 적혀 있다.

"이 가게에서 에어컨이 제일 비싼 물건이다. '우리 가게 10평 : 에어컨 40평형' 만질 때 주인한테 허락받자."

그래서 둘러보니 실제로 매장에 있는 것이라고는 의자와 테이블과 구석에 있는 에어컨이 전부다. 아참, 대기 중인 범블비도 있긴 하다. 눈길을 끄는 낙서는 또 있다.

"이렇게 감자칩 싸게 막 퍼주고 월 100만 원 이상 벌어서 차도 사고 집도 사고 싶다."

이런 글에선 피식하고 웃음이 나온다. 또 있다.

"미인 환영. '제 여자친구 이쁘죠?'라고 자꾸 물어보지 마라. 판단은 내가 한다."

이혼에 대한 낙서도 있다. 윤 대표가 생각하는 이혼의 가장 큰 사유는 성격차이도 경제문제도 술버릇도 아니다. 바로 '결혼'이다.

이런 재미난 글들이 매장 벽면에 빼곡이 적혀 있다. 아마도 J칩스를 들르는 청소년과 젊은 손님들은 이런 낙서를 읽고는 시쳇말로 "센스 쩌

네"라고 말할지 모른다. 큰 돈 들여 멋지게 꾸민 인테리어보다 펜 하나로 더 멋진 매장을 가질 수 있다.

적은 비용으로 창업을 한 터라 J칩스에 럭셔리함은 없다. 윤 대표는 감자칩을 판다. 그러나 달리 보면 정작 그가 파는 것은 손님에게 주는 차별화된 즐거움과 편안함이다. 즐거움이 감자칩에 담겨 남다른 소통 방식으로 팔린다. 동네 주민들이 고객의 대부분이니 그는 끊임없이 말을 걸고 참견하고 싶어 한다. 바로 주민들 속에 녹아들려는 시도다. "즐거운 가게에 손님이 찾아오는 것 아닌가요?"라고 당연하다는 듯 말하는 윤 대표는 손님과 주인이 아닌 동네 주민의 일원으로 다가서고 일상의 이야기로 같이 호흡하는 것이 편하다고 말한다. 이것을 어떻게 돈으로 살 수 있을까.

• 성공 창업을 위한 질문 •

① 당신이 팔아야 할 경험 혹은 가치는 무엇인가?

그 손님이 다시는 오지 않는 이유

상품의 본질을 알고 있는 시계 장인들

⋮

종로 예지동에 있는 일명 시계골목에는 고장 난 시계를 고쳐주는 시계 장인들이 있다. 세상의 어떤 시계도 그들의 손을 거치면 숨을 쉬고 다시 살아난다. 시계는 추억과 의미가 담긴 물건 중 하나다. 특히 부모님 세대에 시계는 혼수 품목 1호였을 정도로 귀한 물건이기도 했다. 그런 시계가 고장 나면 그와 동시에 개인의 추억도 멈춘다.

골목에 1평 남짓한 작은 공간에서 40년 넘게 시계를 고치고 있는 한 장인은 말한다.

"우리가 고치는 것은 시계가 아니지. 우리는 개인의 추억과 멈춘 시간을 되살려 내고 있다고."

그렇다. 그들은 마케팅을 따로 공부하진 않았지만 이미 자기 업의 본질을 꿰뚫어 보는 능력까지 갖고 있었다. 1년도 버티지 못하고 문을 닫는 소점포가 넘치는 요즘, 한 자리에서 수십 년을 지켜낼 수 있는 힘은 업의 핵심을 바라보는 능력에서 나온다. 그들에게 고장 난 시계는 상품이 아니다. 수리하는 과정도 기술이 아니었다. 그들에게 고장 난 시계와 수리의 과정은 한 사람의 멈춰 있던 과거를 현재에 다시 이어주는 연결도구였다. 장인들은 세심한 손길로 한 사람의 생애를 보듬어주는 치료자였다.

상품과 서비스를 분리하지 마라. 상품은 그 자체만으로는 미완성품이다. 서비스라는 무형의 가치가 보태어졌을 때 비로소 완전해진다. 상품 판매가 최종 목적지라면 서비스는 그곳까지 안내하는 잘 닦인 길과 같다. 평범한 장사꾼이 하나로 묶인 것을 둘로 분리할 때, 잘 파는 장사꾼은 이 둘을 하나로 묶는다. 상품에는 가격표가 붙어 있다. 일부에서 봉사료라 말하는 '서비스'에는 정해진 가격이 없다. 상품은 눈에 보이지만 서비스는 실체가 없기 때문이다. 팁은 좋은 서비스에 대한 고객의 자발적 대가이자 관례일 뿐이지 그것에 대한 단가는 아니다. 고객은 상품을 구하기 위해 상점을 찾지만 서비스의 과정을 거치지 않고는 만족스런 구매에 이르지 못한다. 아무리 좋은 상품도 서비스 과정에 따라서 만족도가 배가 되기도 하고 판매에 실패하기도 한다. 결국 판매자가 판매에 성공하려면 좋은 서비스 과정도 함께 만들어야 한다. 고객은 서비스 과정을 통해 구매라는 결과에 도달하기 때문이다.

불량 서비스에도 컴플레인이 없다

⋮

상품은 눈으로 볼 수 있는 모양이 있어 설명이 쉽고 불량품도 쉽게 찾아낼 수 있다. 그래서 우리는 반품과 환불규정도 별도로 만들어 두었다. 반면 서비스는 형체가 없어 설명도 어렵고 불량 서비스를 구별하기도 쉽지 않다. 직원이 반찬 그릇을 던지듯 내려놓아도 손님은 참는다. 통명함의 기준이 다르고 형체도 없기 때문이다. 점포 안에서 도움을 요청할 때 직원의 사무적 어투를 손님이 지적하기란 애매하다. 이것이 반복되거나 특별한 상황이 아니면 애매한 서비스를 이유로 상품을 반품하기는 뭔가 좀 이상하다. 불량품에 대한 가장 쉬운 해결책은 반품이라면, 불량 서비스에 대한 가장 쉬운 해결책은 '다시 오지 않는 것'이다. 마음에 들지 않는 서비스에 대해 개선을 요구하고 이러쿵저러쿵 설명을 하느니 조용히 발길을 돌리면 가장 확실하게 해결된다. 소비자는 쉽게 말하지 않는다. 이런 상황들이 누적되면서 매출을 서서히 감소시킨다. 돈 받고 파는 것이 아닌 서비스 때문에 경영이 어려워진다.

상품을 팔고 싶다면 길을 놓듯 서비스의 과정을 잘 만들어 놓아라. 그렇지 않으면 고객은 구매에 도달하지 못한다. 서비스, 이것이 마케팅에 도달하는 성공과 실패의 분기점이다. 상품 판매가 판매자의 목적이라면 서비스 받고 싶은 것은 구매자의 목적 중 하나다. 구매자는 좋은 서비스를 받으며 구매에 이르고 싶어 한다. 산다고 다 만족했다는 뜻은 아니다.

자기실현 이론을 만든 미국의 심리학자 매슬로는 인간은 단계별로 5가지의 욕구를 채우고 싶어 한다고 설명했다. 단계별로 생리적 욕구, 안전의 욕구, 사회적 욕구, 존경의 욕구, 자아실현 욕구가 그것이다. 이를 소점포의 서비스 버전으로 바꿔보면 다음과 같다.

- 1단계 : 생리적 욕구로서 직원이기에 의무감에서 제공해야 하는 기본적인 서비스다. 해야 하니까 하는 것이다.
- 2단계 : 안전의 욕구, 손님으로 안내받고자 하는 서비스다. 설명을 듣거나 안내를 받는 것 그 이상도 이하도 없다.
- 3단계 : 사회적 욕구, 직원과 손님 사이에 서비스를 주고받으면서 형성되는 무난한 소속감 정도이다.
- 4단계 : 존경의 욕구인데 손님에게 감사의 마음을 표현하며 제공하는 서비스다.
- 5단계 : 자아실현의 욕구인데 이것은 손님이 서비스와 상품을 통해 만족감을 느끼게 되는 단계다.

국수 값을 받으며 사무적으로 '오천 원입니다'라고 말하고 돈을 받는 과정은 무리가 없다. 그러나 그것은 1단계에 속한 하수의 계산방식이다. 고수는 그 순간에도 맛있게 먹었는지, 불편함은 없었는지, 다음에는 더 맛있게 만들겠다는 이야기를 하며 감사의 마음을 표현한다. 서비스를 통해 상품에 이르고 만족감을 배가시키는 마케팅이다.

매슬로의 설명처럼 서비스에는 분명 레벨도 있고 상품의 가치를 다르게 만드는 힘도 있다. 만약 손님마다 자신이 받은 서비스를 매 순간 레벨로 표시할 수 있다면 점포의 재방문율은 예측 가능할 것이다. 그것으로 사업주는 단점과 보완점을 찾을 수 있을 테니 말이다. 그러나 손님은 서비스의 레벨을 알려주지 않는다. 다시 말하지만 불편한 서비스는 다시 오지 않으면 되고 상품은 어디든 넘쳐난다. 한 점포의 매출 수준은 상품이 아니라 서비스 수준으로 결정된다.

• 성공 창업을 위한 질문 •

① 당신이 파는 서비스는 매슬로의 이론 가운데 몇 단계에 속하는가?

② 서비스의 만족 단계를 높일 수 있는 방법이 있는가?

그녀의 비위를 건드리지 마라

주목받는 한 젊은 학자에 따르면 인류는 농경 중심의 삶을 영위한 것이 고작 1만 2천 년밖에 안 된다. 대략 200만 년 인류 역사에서 199만 년 동안 사피엔스의 세포에는 유목과 사냥의 기질이 체득되고 유전되었다. 당시 남자들은 언제 나타날지 모르는 사냥감에 밤낮으로 눈에 불을 켜고 있어야 했다. 육체는 사냥감을 잡을 만큼 힘과 민첩함, 지구력을 고루 갖춰야 했고, 눈은 기회를 놓치지 않도록 예민해야 했으며, 정신은 도망치는 목표물을 놓치지 않을 만큼 집중해야 하며, 손은 사냥감의 목숨을 끊을 만큼 기술적으로 잘 다듬어져 있어야 했다.

반면 마을에 기거하며 농경을 책임지던 여자들은 다가올 가을 수확을 기대하면서 미래를 예측해야 했다. 그런 사피엔스적 기질 덕분에 남자가 즉흥적이고 한 번에 하나만 생각하는 계단식 사고형에 길들여졌다면 여자는 현재와 미래를 놓고 얼개를 엮듯 여러 가지를 동시에 생각하는 멀티형 거미줄식 사고를 한다고, 그 젊은 학자는 주장한다.

먼저, 남자와 여자가 어떻게 다른지 파악해간다

⋮

소점포가 남녀의 이런 유전적 차이를 이해한다면 홍보와 마케팅 전략은 쉬워질 수 있다. 주 고객이 여성이라면 대중성 있고 광범위하면서 약간의 모호함을 주는 전략을 짜라. '아름다움, 편안함, 안전, 희망 등'의 느낌이 그것이다. 반면 주 고객이 남성이라면 특정인을 적시하듯 구체화하는 것이 좋다. '강한, 너의, 당신의, 성공 등'의 느낌이 전달되도록 홍보하면 유리하다.

비즈니스 경영의 구루 톰 피터스는 〈미래를 경영하라〉라는 책에서 세계에서 두 번째로 큰 경제 집단은 4조 3천억 달러에 달하는 '일본 전체'이며, 세 번째로 큰 경제 집단은 '미국 남성'으로 그 규모가 4조 달러에 이른다고 설명했다. 그럼 세계에서 가장 큰 경제 집단은 누구일까? '미국 여성'이다. 그녀들의 소비 규모는 7조 달러다. 톰 피터스의 통찰력 넘치는 이런 시장 구분법은, 남자와 여자에게 다가갈 때 뭔가 달라야 한다는 점을 암시한다. 특히 여자에게 다가가려면 우리는 여자에 대한 이해도를 높일 필요가 있다. 예컨대 이렇다.

① 남자가 '나'라고 말할 때 임신과 출산 육아의 1차 경험자인 여자는 '우리'라고 말한다.

② 남자가 거래의 성사 여부에 관심을 가질 때 여성들은 관계를 먼저 생각한다.

③ 남자가 새로운 자동차를 갖고 싶은 마음에 충동구매를 한다면 여성들은 그 브랜드에 동화되고 싶어 한다. 그들은 브랜드(명품)를 사는 것이 아니라 브랜드에 동참하고 일체화되기를 꿈꾼다.

여성에 대한 이해가 필요한 건 자동차 메이커도 마찬가지다. 자동차 구매를 촉진하는 사전 단계는 운전면허 취득이다. 대한민국의 경우 여성들의 운전면허 취득률은 꾸준히 증가하여 2014년 40%가 넘는 반면 남성들의 운전면허 취득률은 줄고 있다. 집, 가구, 자동차, 여행 상품의 구매를 결정하는 전결권이 여성에게 넘어가고 있다는 증거다. 여성들이 소비 시장의 주연으로 등극했다. 그녀들을 장기적으로 연구하고 그녀들의 비위를 맞출 필요가 있다.

히말라야 인근에서 아직도 전통적인 사피엔스의 삶을 유지하고 있는 라다크 사람들의 삶을 연구한 헬레나 노르베리 호지는 〈오래된 미래〉에서 이렇게 말한다.

"라다크의 주부는 자기 가정의 절대 권력자다. 남자들은 그녀의 권능에 의해 지배를 받는다. 그녀는 돈을 소유하고 있고 독자적으로 거래를 한다. 그녀의 말은 곧 법이다."

사냥에서 농경의 삶으로 전환되면서 모든 경제 권력은 여성에게 넘어갔다. 이미 오래 전 곳간과 창고 열쇠가 안주인의 손에 넘어간 것을 우리는 상기해야 한다.

갈수록 여성들은 약진한다. 그녀들의 소득은 늘었고 재산가도 늘었다. 그녀들은 과거에도 그렇고 지금도 마찬가지로 계속 구매 결정자이자 지출 담당자이다. 그래서 남자들은 "당신 생각이 그렇다면 그렇게 하지 뭐."라고 말한다. 시장에서 남자들은 자신이 먹고 싶은 것을 고를 때 여자들은 아이들이나 가족이 먹을 것을 고른다. 그래서 여자는 앞서고 남자는 한 발짝 뒤에서 짐을 들고 걷는다. 남자들은 길을 가다 머리를 깎으러 '그냥' 들어가지만 여자들은 물어보고 친구의 머리를 살펴보고 심지어 주인의 스타일까지 확인하고 나서야 들어간다. 그럼에도 불구하고 아직 안심하긴 이르다. 대개의 남자들은 어느 정도 괜찮으면 대충 만족하고 넘어가지만, 여자들은 100%의 만족을 위해 상점의 문을 열기 전에 묻고 비교하고 찾아본다. 결정한 후에도 계산대 앞에서 한 번 더 생각하고 망설인 후 지갑을 연다. 그녀들의 선택은 최대한의 정보 검토 후에 이루어진다. 남자들이 자랑하고 싶어서 맛집을 소개한다면 그녀들은 같이 먹고 공감하고 시간을 즐기기 위해서 맛집을 소개한다. 여성들은 거래가 아닌 관계를 중요하게 여긴다.

다음, 연령별로 세분하라

⋮

남자, 당신은 트윈케익을 아는가? 그게 먹는 것인지 아닌지. 소점포를 하겠다는 남자들은 여자의 언어를 배우고 사용해야 한다. 당신은 여자의 언어를 얼마나 구사할 줄 아는가? 휴대폰 문자에 현란한 이모티콘을 사용하고, 대화에서 '어머~, 얘(재)~' 등의 여성적 언어를 쓰는 남자들이 늘어나는 이유다. 뒤처지면 안 된다. 만약 당신의 점포에 외국인 손님이 심심치 않게 찾아온다면 당신은 그들을 상대하기 위해 외국어 공부를 짬짬이 할 것이다. 반면 여성 손님이 주류인데 왜 그녀들을 이해하기 위한 공부는 뒷전일까. 여성의 언어를 적절하게 구사할 줄 알면 가능성은 높아진다. 언제 여성의 단어를 구사할 순간이 올지 모르기 때문이다. 사람들은 남자와 여자가 다르다는 것쯤은 알고 있다. 그 다름을 마케팅에 적용해야 한다고 주장하면 머뭇거린다.

여성 마케팅 전문가인 마사 발렛타는 경영 일선에 있는 남자들이 머뭇거리는 이유를 몇 가지 생각으로 정리했다. 변화를 두려워하는 습성, 경영현장에서 가용 자원에는 한계가 있기 때문에 현재의 방식에 집중하려는 경향, 여성에 맞춘 마케팅을 하려면 예산을 늘리거나 기존 예산을 재편성해서 다른 예산 중 일부가 줄어들어야 한다는 생각, 주 고객은 남성이라는 생각, 남성이 여성보다 소득이 높으며 결정 권한을 아직도 남자가 갖고 있다는 생각, 다 받아들여 여성 마케팅을 시작하더라도 작고 조심스럽게 틈새로 해야 리스크가 적을 거라는 생각, 그러느니 차라리 남성 여성을 모두 포괄하는 중성 마케팅에 맞추면 더 안정적일 것이란 생각, 여성도 그것을 편하게 생각할 것이란 생각, 여성을 대상으로 해서 역효과를 경험했다는 주변 이야기 등이다.

마케팅에 정답은 없다. 여성 마케팅 역시 적당히 할 일은 아니다. 그녀들을 더 연구하라. 섬세해야 접근해야 한다. 타깃을 더 좁혀라. 한 부류만 공략하는 일도 쉽지 않은 일이다. 사회에서는 중장년층이란 말로 묶지만 장사에서는 달라야 한다. 40대와 50대가 소비와 지출의 형태가 같다고 보는가? 20대와 30대의 소비형태가 같다고 보는가? 20대 초반 여성과 후반 여성이 같다고 보는가? 그럼에도 불구하고 상담실을 찾는 예비창업자에게 타깃을 물어보면 그들은 중장년층이라고 말한다. 20~30대 여성이라고 자신 있게 말한다. 너무 넓다. 너무 애매하다.

미안하지만 다시 물어 보겠다. 당신의 타깃은 20대 여성인가 아니면 30대 여성인가? 20대 여성이라면 초반인가 중반인가 아니면 후반인가? 29살 여성에게 31살 여성 마케팅을 한다면 그녀들은 어이없어 할 것이다. 그녀들의 비위를 건드리지 마라.

• 성공 창업을 위한 질문 •

① 예컨대 '나의 고객은 13~15세의 남자 학생'이라고 당신은 고객을 특정할 수 있는가?

② 그들의 언어를 알고 있으며, 대화할 준비가 되어 있는가?

: 부록 ❶ :

입지선택의 비밀,
부존질서 찾기

프랜차이즈 업종은 창업하기가 쉽다는 장점이 있다. 운영 노하우와 기술을 전수받기 때문에 초보 경영자에게는 안정감을 준다. 점포도 주로 유동인구가 많은 도심 상권에 입점하기 때문에 초기 정착도 빠르다.

그럼에도 불구하고 나는 생애 첫 창업을 준비하는 소점포 예비창업자에게는 도심 상권이나 중심 상업지구보다는 〈주택가 상권〉을 추천한다.

수억 원의 투자금으로 시작하는 황제 창업이 아니라면 어중간한 창업 자금으로는 중심상권을 피하는 것이 소점포의 첫 번째 생존전략이기 때문이다. 3년차 성공률이 20%대 미만인 창업 현실에 비추어 볼 때 수업료를 적게 내자는 주장이니 뒤집어보면 창업자의 최소 80%는 귀담아 들을 얘기다.

둘째는 장사 베테랑들이 몰려 있는 도심상권에 들어가서 그들을 상대로 피 튀는 경쟁을 할 필요가 있을까 싶기 때문이다. 손님도 동네상권 손님과 도심상권 손님은 질부터 다르다. 고객이 달라지면 하루에 투입해야 할 에너지의 양부터 달라진다. 장사를 두루 경험해본 사람들이 이구동성으로 지적하는 말이다.

초보 창업자 중에는 화려한 상권에서 창업을 꿈꾸는 경우가 많다. 폼나기 때문이다. 그러나 빛 좋은 개살구라는 말처럼 유동인구가 많은 도심 상권도 자세히 들여다보면 고객 편중현상이 심하다. 몰리는 가게만 몰린다. 오피스 상권은 주말만 되면 텅 비고 대학가 상권 역시 1년 중 두 차례 방학으로 반 년 가까이 개점 휴업해야 한다.

이에 비해 주택가 상권은 소박하다. 유동인구가 갑자기 늘지는 않지만 1년 내내 거주민을 중심으로 안정적인 영업이 가능하고, 평균 임차 보증금도 상대적으로 낮다. 나만의 콘셉트를 찾아 창업을 준비한다면 중심상권으로 들어가 경쟁하는 것보다 주택가 상권이 백 배 낫다. 또한 규제가 많은 도심 상권보다 인테리어 자유도가 높으므로 자기만의 개성을 담아 점포를 꾸미면 차별화된 콘셉트도 적용할 수 있다. 숨은 매력이 있는 가게를 만들 수 있으면 주택가 상권에서는 경영 안정성이 두 배가 된다.

입지는 좋은데 경쟁이 치열할 때

'어디서' 경쟁할 것인가? VS '누구'와 경쟁할 것인가?

이 질문은 중요하다. 소점포의 입지선정 시 '어디서' 경쟁할 것인지와 '누구'와 경쟁할 것인지를 선택해야 할 때 판단의 우선기준은 뭘까? 마음에 드는 지역(어디서)이 있는데 조사를 해보니 강력한 경쟁자(누구)가 있을 경우 그 지역을 선택할지 포기할지를 판단하는 문제다.

예를 들어 한 예비창업자가 동네 슈퍼마켓(소매점)을 하려고 한다. 마음에 드는 지역을 찾아보았더니 그 지역에 이미 오래된 슈퍼마켓이 있거나 대형(기업형) 슈퍼마켓이 입점해 있거나 또는 더 좋은 자리에 24시 편의점이 있다면 그 예비창업자는 내게 강점이 있거나 전략이 있다고 해서 그 지역을 선택해도 좋을까?

나는 이런 경우, 동일 상권에 강력한 경쟁자가 이미 터줏대감으로 있다면 다른 지역을 물색하라고 조언한다. 상담을 하다보면 자주 부딪치는 상황이다. 대개의 예비창업자들은 '열심히' 해서 경쟁자를 이겨보겠다며 자신감을 내비친다. 심지어 경쟁자의 유명세를 빌리면 대박을 칠 것이라며 장밋빛 미래를 꿈꾸는 경우도 있다. 자신감과 상황 파악을 헷갈린 경우로, 위태롭다.

SBS 방송사에서 10년 넘게 진행하고 있는 〈생활의 달인〉은 한 분야에 뛰어난 실력을 가진 숨은 고수들을 소개하는 방송 프로그램이다.

다양한 분야의 숨은 고수를 발굴하는 게 이 프로그램의 콘셉트인데 대개는 자기 색깔로 맛을 내는 실력자와 그들의 식당이 자주 등장한다.

오랫동안 방송을 보면서 나는 달인들의 식당이 가진 공통점 하나를 발견했다. 그들의 점포는 대부분 일반 주택가나 도심의 중심상권을 벗어난 지역에 둥지를 틀고 있다는 점이다. 달인의 점포는 화려하지 않다. 사람도 화려하지 않다. 심지어 입지나 상권을 분석하는 창업 이론가들의 설명에 위배되는 경우도 많다. 이론을 숭배하는 입장에서는 납득하기 힘든 점포들이다. 그들은 창업 초기에 어려운 시절을 겪었을 것이고, 1년을 넘기기도 힘들었어야 옳다. 그러나 그들은 오늘도 문전성시다.

그들은 언제부터 맛집으로 유명세를 타기 시작했을까? 그들은 어떻게 한 지역에서 오랫동안 버티며 성장할 수 있었을까? 입지적 측면에서 비결을 생각해보면 경쟁자의 압박으로부터 비교적 자유로운 지역에서 영업했다는 점을 꼽을 수 있다. 대부분의 달인들은 다소 한적한 지역에서 오랜 시간 장사를 하며 실력을 쌓았다. 중심상권에서 벗어나 있기 때문에 월세가 낮아 고정비 부담이 적고, 경쟁자의 위협도 상대적으로 약하다. 물론 매출도 낮았을 것이다(매출이 낮다는 게 수익도 낮다는 말과 등가는 아니다.). 반면 도심상권은 고정비용이 높고, 경쟁자들이 즐비하며, 행정규제라는 변수가 존재하고, 고객은 민감하며 기대치가 높다. 초보 창업자가 능숙히 대응하기에는 외부 요인들이 너무 많고 변화무쌍하다.

나는 <생활의 달인> 고수들조차도 중심상권에서 가게 문을 열었다면 외부 압박을 견디지 못하고 3년 사이에 무대에서 사라졌을 가능성이 높다고 생각한다. 장사가 뭔지 알기도 전에 태풍이 쓸고 지나가 버린다.

일반적으로 장사는 목이 좋아야 한다고 말한다. 그러나 목의 이점을 활용하기 어려운 소점포 창업자에게는 높은 고정비용과 경쟁자의 위협은 치명적이다. 어느 자영업자에게도 경쟁자가 없는 곳은 없다. 그러나 준비 없이 격전지로 뛰어드는 게 무슨 의미인지 모를 것 같지 않다. 총성 없는 전쟁에 힘을 소진하느니 차라리 나만의 색깔을 찾아서 주택가 상권으로 들어가는 것이 현명한 선택이다. 경쟁자를 피하는 것, 그것이 입지 선정에서 중요한 기준이다.

입지 후보 고르는 방법

나는 입지 후보군을 고를 때 다음과 같은 방식으로 접근한다. 내가 닮고자 하는 동 업종의 모델 점포를 3개 정도 고른다. 이때 기준은 위치, 콘셉트, 인테리어 3가지다. 즉 위치가 좋은 점포, 콘셉트가 좋은 점포, 인테리어가 탐나는 점포를 찾는다. 그리고 각각의 가게마다 지닌 장점을 입지적 측면에서 분석해 본다.

① 위치 모델 : 이 길을 다니는 사람은 누구인가?

'위치 모델' 점포는 지도 한 장을 준비한다. 점포를 중심으로 크게는 상가, 사무실, 주택가의 분포를 경계선으로 그리고 색칠도 해본다. 점포 인근에 관공서, 은행, 병원, 학교 등 공공건물이 있다면 그 건물들의 힘이 미치는 범위가 어디까지인지 그 후광을 가장 많이 받으며 영업을 하는 가게는 어디인지 현장에 나가 찾아본다.

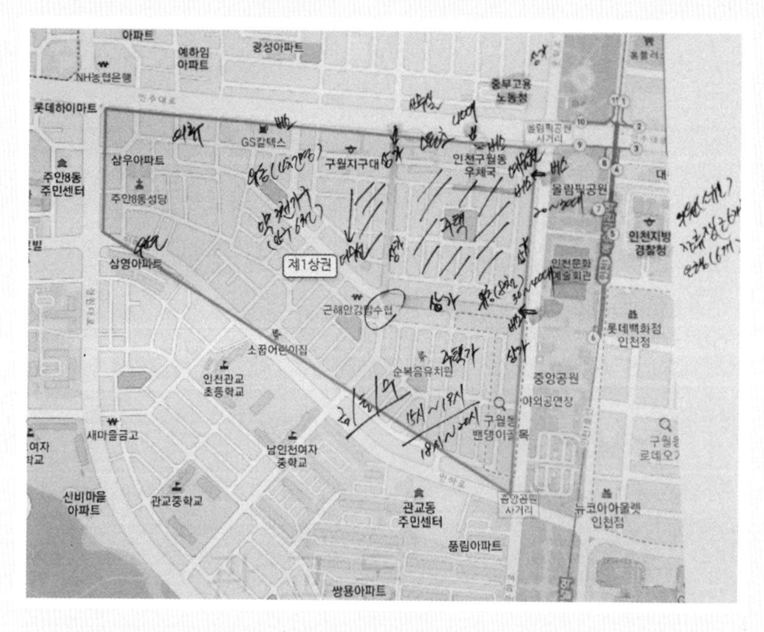

이 지도는 저자가 10년 전 점포를 구하기 위해 3개월 이상 발품을 팔며 보고 또 보던 지도이다. 인천지하철 1호선 예술회관역 근처에 눈여겨보았던 건물 2~3개를 중심으로 당시 공공시설, 교통시설, 보행자의 주통행로와 지름길을 확인하고자 했었다. 주택가와 상권의 경계를 확인하고 보행자의 흐름과 꺾임, 멈춤을 확인하면서 후보 건물의 장단점을 파악했었다.
출처 : 소상공인시장진흥공단 상권정보시스템

산타페연구소의 이론생물학자 스튜어트 카프만은 부존질서(order for free)라는 개념을 고안했다. 넓은 땅 위에 개미들이 기어 다닌 흔적이 처음엔 복잡해 보이지만 시간이 흐르면서 서서히 방향성을 가진 하나의 뚜렷한 길로 드러난다는 개념이다. 길은 '의도한 길'과 '생겨난 길'이 있다. 도심에 공원을 짓고 나면 디자이너가 예측하지 못한 곳으로 길이 생기는 현상을 우리는 목격한다. 시간의 축적과 함께 발길이 이어지며 생겨난 길은 그 지역 사람들의 끈끈한 삶을 반영한다.

부존질서 개념은 입지 선정에서도 중요한 이론이다. 우리는 이제 관찰자가 되어야 한다. 밖으로 나가서 다음 3가지 항목을 관찰하고 분석하라.

① 행인들이 어떤 목적을 가지고 그 지역을 지나다니는가?

② 주로 이용하는 골목은 어느 길인가?

③ 행인들의 연령대는 어떤가?

이 3가지 질문은 선택할 업종이나 영업 콘셉트와 직결된다. 때에 따라 시간별 유동인구도 분석해 보는데 핵심은 길목을 다니는 고객의 니즈를 읽는 데 있다.

좋은 입지인지 아닌지 판단하기 위해서 한 가지 팁이 있다. 위치 설명이 얼마나 용이한지 체크하는 방법이다. 당신의 점포가 어디 있는지 모르는 사람에게 얼마나 쉽게 설명할 수 있는가? 이는 바이럴 마케팅 등 홍보 전략에서도 중요하다. 만약 설명이 길어지고 찾기 어렵다면 건물이 마음에 들더라도 재고해야 한다. 중심상권이 아니더라도 설명이 쉬운 가게가 유리하다.

② 콘셉트 모델 : 주인이 의도한 대로 고객이 경험하는가?

'콘셉트 모델'을 볼 때는 해당 점포를 손님으로 방문하여 상품과 서비스의 결합을 경험해 본다. 파는 것은 상품이고 서비스는 덤이라는 관점에서 보는 것은 좋지 않다. 서비스와 상품이 결합된 상태가 그들이 파는 아이템이 된다. 그 아이템에 대한 경험이 그들의 운영방식과 어떻게 맞아 떨어지는지, 다시 말해 그들이 의도한 대로 내가 경험하고 있는지 확인하고 꼼꼼히 메모한다. 상품이 어떻게 서비스로 변화되어 고객에게 제공되는지 살피는 과정이다.

③ 인테리어 모델 : 주제가 있는가?

'인테리어 모델' 역시 방문은 필수다. 하지만 주의할 점이 있다. 방문해서 무작정 인테리어만 보고 나오는 게 아니라 먼저 주인장을 만나야 한다. 인테리어에 주인의 개성과 특징이 얼마나 잘 녹아 있는지, 인테리어가 주력 상품을 얼마나 돋보이게 하는지 살피는 게 목적이다. 잘 된 인테리어에는 주제가 있다. 화려함만 보지 말고 하나의 주제를 찾아내야 한다. 인테리어의 핵심은 럭셔리함이 아니다. 인테리어는 손님이 어디에 시선을 던지든 말을 걸고 있어야 하며 지루하지 않아야 한다.

모델 점포에서 기억에 남는 원포인트는 무엇인지 찾아 사진도 찍어두자. 원포인트란 가게를 기억하게 하는 메인 색상, 특징적인 조형물과 조명, 소품이나 가구 배치 등을 말한다. 화장실도 빼놓으면 안 되고 상품을 어떻게 포장하는지 포장 재료와 기술도 보자. 어떤 점포는 원색을 사용하여 강렬한 인상을 주거나 원목의 질감을 그대로 살려 개성을 어필하기도 한다. 어떤 점포는 사장이 취미로 만드는 레고 장난감으로, 또는 사장이 발품 팔아 모은 아기자기한 장식품으로 소품 콘셉트를 잡기도 한다. 소품은 주인장이 어떤 사람인지 그 스타일을 그대로 보여주는 것이어서 중요하다. 손님들은 소품을 보며 주인을 상상한다.

조명마다 어떤 비밀을 숨겨두었는지, 실내보다 더 깔끔한 화장실 관리로 민감한 여성 손님들을 어떻게 무장해제 시키고 있는지도 체크해두자. 상품을 돋보이게 하는 포장기술로 마지막 인상을 어떻게 남기는지도 살피자. 최고를 보아야 흉내라도 낼 수 있다. 인테리어 모델링의 핵심은 '백문이 불여일견(百聞不如一見)'이다. 자주 다니고 그때마다 사진으로 기록으로 남겨두어야 한다.

물론 이와 같이 분석을 마친 뒤에 마지막으로 남은 작업이 있다. 우리는 입지란 위치, 콘셉트, 인테리어라는 세 가지 요소를 통해 접근해야 한다고 말했지만 단순히 점포를 고르는 게 입지선정의 핵심이 아니다. 오히려 창업의 본질적인 측면에서 입지란 점주 '자신'과 자신이 하고자 하는 '업종'과 펼치고 싶은 '콘셉트', 이 세 가지를 맞출 수 있는 점포를 고르는 과정과 같다.

부존질서를 찾는 자가 이긴다

아무리 강조해도 지나치지 않는 게 있다. 상권분석이다. 그런데 상권분석만큼 홀대받는 것도 없다. 누누이 강조하지만 상권분석은 평소에 이미 일단락되어 있어야 한다. 그러나 현실은 어떤가? 창업 결정 후에 상권분석을 진행하는 경우가 대부분이다. 대개의 경우 '창업하기로 마음먹었으니 이젠 점포를 구해야지. 어디가 좋을까?' 하고 생각할 때 상권분석에 돌입한다. 그런데 이쯤 되면 정해진 개업 일정에 맞추어 점포를 구하는 것이 다반사여서 꼼꼼한 관찰 조사가 어렵다. 조급함으로 시야도 좁아진다. 괜찮은 자리라는 주변의 말만 듣고 서둘러 계약부터 하게 된다. 첫 단추가 잘못 꿰어진다.

상권분석은 보이지 않는 부존질서를 찾는 것이다. 신촌 골목이나 홍대 거리를 떠올려보자. 유동인구는 많은데 그 흐름이 어디에선가 끊어지는 위치가 있다. 큰 길임에도 불구하고 이면 도로보다 유동인구가 적거나 사람은 많은데 머물지 않고 지나치기에 바쁜 길도 있다. 또 지하철과 버스정류장에서 흘러나온 사람들이 블록 안으로 유입되는 특정한 골목도 있다. 낮과 밤, 평일과 주말의 표정이 달라지기도 한다.

행인들이 어떤 목적을 갖고 유입되는지는 마음에 여유를 갖고 볼 때 보인다. 어떤 부존질서가 존재하는지 확인하기 위해서는 오랜 시간, 여유 있는 마음으로 보아야 한다. 상권분석이 중요한 이유는 그것에 따라서 목표고객, 영업 콘셉트 등이 달라질 수 있기 때문이다. 부존질서가 확인되면 투자금도 대폭 낮출 수 있다. 과도한 보증금과 불필요한 권리금을 지출하지 않아도 되기 때문이다.

점포는 '만약 내가 창업을 하게 된다면~' 하는 마음가짐으로 보아야 더 많은 것들이 보인다. 언젠가는 창업을 해보고 싶거나 운명처럼 언젠가 창업을 예감한다면 관심 있는 몇 개의 후보지역을 정하고, 평소에 조금씩 관찰하자. '잠재적 창업자'의 입장일 때 괜찮은 노트 한 권을 준비하여 관찰된 지역의 표정을 메모해두자. 예비창업자보다 잠재적 창업자일 때가 시야에 객관성이 더 유지되기 때문이다. 어느 지역이든 부존질서는 존재한다. 상권은 겉으로 보이는 것과 달리 그 뒤에 숨은 내용들이 있음을 반드시 기억하자.

2장

잘 다가가는 기술

물맛은 모두 비슷비슷한데

생수는 왜 그렇게 다양할까?

물맛은 모두 비슷비슷한데

특정 브랜드가 더 많이 팔리는 이유는 뭘까?

생수 시장만큼이나 치열한 소점포 시장,

내 점포를 더 빠르게 더 오래 기억하게 만드는

방법을 찾아보자.

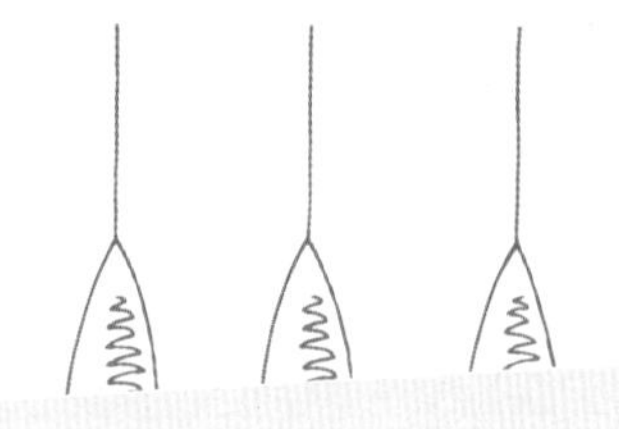

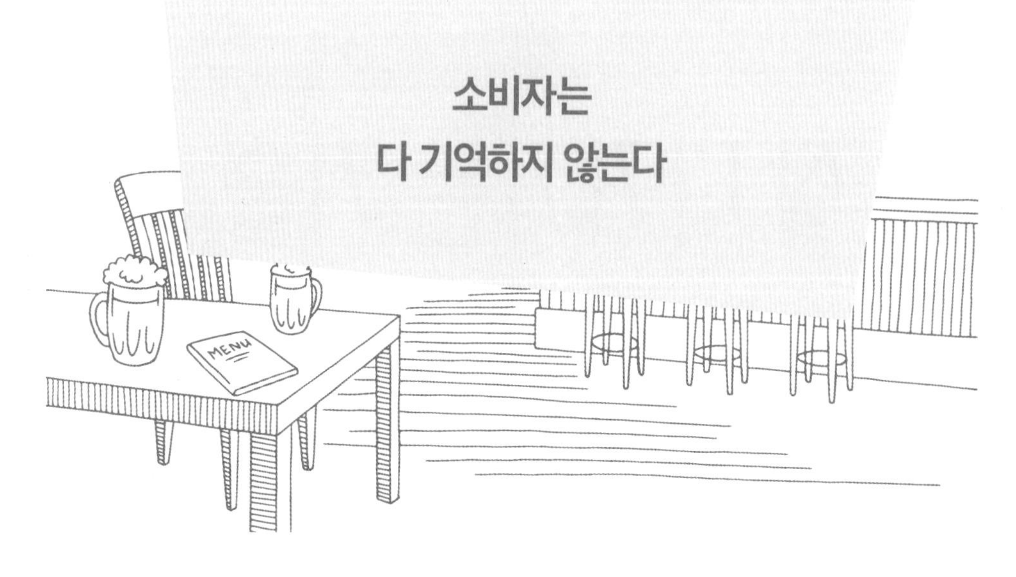

소비자는 다 기억하지 않는다

'우리 빵집은 40년 경력의 베테랑 제빵사가 만듭니다. 소비자의 건강을 위해 우리 밀 우리 쌀을 사용하기 때문에 먹으면 소화도 잘 되고 건강해집니다. 게다가 가격도 착합니다. 우리 빵은 맛있습니다. 빵을 먹어본 고객들로부터 그 맛을 충분히 인정받았습니다.'

이 홍보에서 당신의 기억에 남는 것은 무엇인가? 나에게 묻는다면 '글쎄'라고 대답할 것이다. 왜냐하면 대부분의 빵집에서도 '건강, 맛, 가격, 기술'을 자랑하며 그것을 홍보하고 고객을 유인하기 때문이다.

간결성은 이것을 압축하여 하나의 개념을 뽑아내는 작업이다. 하나를 뽑아내려면 나머지를 버려야 한다. 사실 맛도 기술도 다 중요하기 때문에 어떤 것도 버리기는 쉽지 않다. 그러나 이것은 하나도 없는 것과 같다. 소비자는 단순하다. 그러니 단순한 것으로 다가서야 한다. 중요하다고 생각하는 모든 것을 한 가마솥에 넣고 끓여라. 그렇게 해서 얻은 맑은 육수 한 사발, 그것이 진짜다.

맛없으면 안 팔리는 게 음식이지만 맛있다고 팔리는 것도 아니다. 커피를 맛있게 내리는 바리스타와 유명한 프랜차이즈 커피전문점에서 단시간 머신 교육을 받고 커피를 내리는 알바 중에 누구의 커피가 더 맛있을까? 그럼 누구의 커피가 더 많이 팔릴까? 질문이 어리석다. 맛있는 커피가 더 많이 팔려야 하지 않을까 싶지만 그렇지 않다. 왜 이런 상황이 벌어질까. 그 같은 현상은 커피를 포함하여 음식은 맛 외에 구매를 자극하는 다른 요소가 있음을 추론케 한다. 제품의 품질 이외에 영향력을 행사하는 다른 뭔가가 있음을 방증한다. 똑같은 콜라를 동네 슈퍼보다 햄버거나 피자 매장에서 더 많이 파는 것도 같은 현상이다.

이런 현상은 개인이 바꿀 수도 거부할 수도 없다. 그렇다면 소점포 창업자는 어떻게 해야 할까? 커피의 양적 경쟁은 유명 프랜차이즈에 양보하자. 판매량으로 승부하는 프랜차이즈와의 경쟁은 이미 출발선이 다른 것임을 인정하자는 뜻이다.

매출보다 우선되어야 할 체험 각인

⋮

대신 소점포 바리스타라면 체험 경쟁에서는 우위를 지켜야 한다. 즉 자신의 커피를 먹게 하는 것에 주목시켜야 한다. 창업 초기 소점포의 마케팅은 파는 데 주력하지 말아야 한다. 대신 경험에 힘을 써야 한다.

예를 들면 커피 한 모금에 감탄하게 만드는 아주 맛있는 핸드드립 커피를 내리든지, 퓨전한 과즙커피를 만들든지, 머무는 동안 아주 편한 시간을 제공하든지, 프랜차이즈가 따라할 수 없는 과일 주스나 사이드 음식을 만들어 고객들이 이를 기억하고 내 점포를 다시 찾도록 유도해야 한다. 매출은 그 다음이다.

커피전문점의 경우 바리스타라고 해서 커피만큼은 자신 있더라도 커피만으로 방문동기를 전달하기에는 한계가 있다. 그러므로 꼬리가 몸통을 흔들게 하는 '왝더독(Wag the dog)' 전략을 모색하라. 이를 위해 구매를 자극하는 주력 상품의 코드를 잠깐 바꾸어 보는 것이 필요하다. '그 커피집은 혼자 조용히 책 읽기에 좋아, 근데 커피도 맛있어.' 그렇게 고객을 유입시키고 그들에게 내 점포를 기억시키는 방향으로 가야 한다.

척박한 상권에서 왝더독으로 자리 잡은 바리스타

⋮

인천 제물포는 재개발 계획으로 오래 전에 상권이 무너졌다. 인천대학교가 연수구 송도신도시로 이전하면서 80년대 찬란했던 지역 명성은 온데간데없다. 유동인구라고까지 말할 것도 없는 제물포 역사 근처의 허름한 상가 1층에, 필자가 기억하기로 2015년 겨울쯤 간판도 없는 작은 커피가게 〈M커피〉가 생겼다. 커피집이라기보다는 원두커피공장에 더 가까운 M커피는 지역 분위기와는 어울리지 않게 커피가 괜찮다.

이 집은 완제품 커피를 파는 흔한 커피집이 아니라 생두를 볶아서 파는 가게로 온라인 판매가 매출의 대부분을 이룬다. 나름 원두가 괜찮아서 방문했다가 부부가 뉴질랜드에서 5년 동안 바리스타로 활동했다는 사실도 알게 되었다. 커피 맛이 괜찮았던 숨은 이유였다. 만약 주인장이 '나는 바리스타니까 완제품 커피로 승부해야 돼'라고 전략을 세웠다면 M커피는 살아남지 못했을지 모른다. 간이 테이블 2개가 전부였을 만큼 매장도 좁아서 소매 전략을 세우기도 쉽지 않았을 것이다. 대신 자신들의 실력을 100프로 뽐내기에는 한계가 있는 로스팅 사업을 유지하며 때를 기다렸다.

원두를 사러 갔던 어느 날 주인은 매장 이전을 진지하게 고민하고 있다며 상담을 요청했다. 처음부터 염두에 두었던 드립 커피 소매점을 하고 싶은 마음이 든 모양이다. 물론 원두 판매로 인한 매출이 늘고 테이크아웃 손님이 생겨나고 있지만 아직은 성급한 판단 같았다. 그래서 일정 기간 온라인 판매에 더 주력할 것을 권했다. 주인은 필자의 의견을 수용하여 소매를 위한 매장 이전 계획을 접었다. 비과학적이지만 체험적인 팁 하나를 말하자면 이런 경우 도보 손님이 아니라, 차를 몰고 원두 또는 커피 음료를 구매하러 오는 상황이 빈번해지면 매장 확장을 고민해도 좋다.

시간이 흐르면서 M커피는 서서히 꼬리가 몸통을 흔들기 시작했다. 커피와는 어울리지 않는 상권임에도 불구하고 소매 손님이 꾸준히 늘어 최근에 같은 건물 2층까지 매장을 확장하여 테이블 몇 개를 더 놓았다. 적은 시설 투자금으로 자연스럽게 소매 매장까지 연결하며 안전하게 초기 정착을 일군 것이다.

간결성은 고객에게 나를 어떻게 기억시킬 것인지 홍보전략, 브랜딩전략 등을 세우는 것이 핵심이다. 세우되 단순해야 한다. 고객은 복잡한 것을 기억해주어야 할 의무가 없다. 음식을 파는 업종이라면 기본적으로 맛있어야 한다. 그러나 맛 또는 실력만으로 매출에 승부를 걸기는 위험한 상황들이 있다. 소점포는 소점포이기 때문에 때론 주 종목을 뒤로 숨기고 우회하는 전략이 필요하다.

• 성공 창업을 위한 질문 •

① 당신의 상품은 기억될 만한 그 무엇인가? 아니면 상품 말고 기억시킬 만한 게 따로 있는가?

② 그 무엇은 간결한 표현으로 정리되어 있는가?

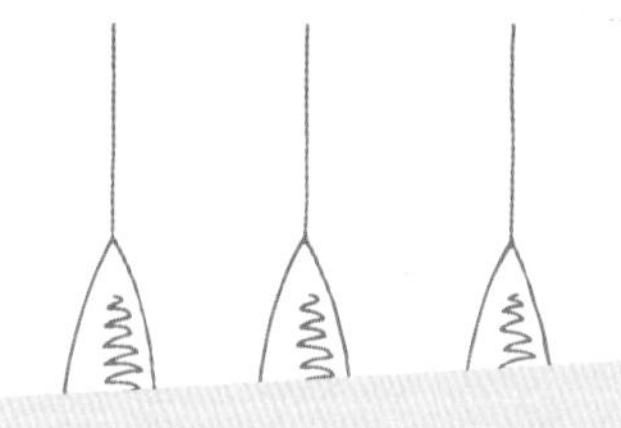

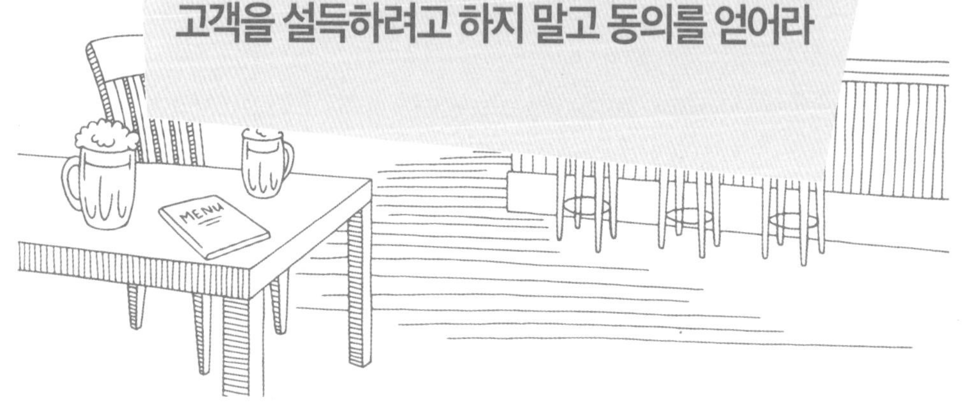

마케팅 대원칙 :
고객을 설득하려고 하지 말고 동의를 얻어라

어떤 소점포 자영업자들은 상품을 준비하고 가게 문만 열어 두면 저절로 물건이 팔릴 거라고 믿는다. 자신의 상품과 서비스를 필요로 하는 사람이 분명 있다고 말한다. 반은 맞고 반은 틀렸다.

생산자가 물건을 만들었으니 팔아야겠다고 말하는 것은 이전 세대의 마케팅 방식이었다. 변화한 시장에서는 구매자 입장에 서야 한다. '왜 그 물건을 사야 하는지'에 대한 구매자 동의가 선행되어야 한다. 만약 구매자가 왜 사야 하는지 이유를 찾지 못하면 판매자는 설득을 통해서라도 이해시켜야 한다. 그래서 판매자들은 홍보와 광고와 세일을 통해 '당신에게 이 제품이 필요한 이유'를 설득하려 애쓴다. 그러나 '설득'은 어려운 일이다. 광고를 해야 하고 전략을 구사해야 하기 때문이다. 마케팅이 어려운 이유다.

반면 '세일'이라는 흔해 빠진 마케팅 전략을 꺼내기 전에 구매자의 동의를 얻은 기업이라면 마케팅은 순풍에 돛 단 격이다.

스스로에게 질문을 던져보자. 나는 과연 구매자의 동의를 얻을 준비가 되어 있는가?

① 내 상품은 구매자에게 왜 중요하며, 어떤 이익을 줄 수 있을까?

② 나는 누구이고, 우리 기업(소점포)의 상품은 고객에게 어떤 가치를 주고 있는가?

고가의 샐러드 드레싱이 고객의 동의를 얻기까지

〈뉴먼스 오운(Newman's Own)〉은 가정용 샐러드 드레싱 제조 회사다. 이 회사는 1981년 한물간 영화배우 그러나 한 번쯤은 이름을 들어보았을 폴 뉴먼과 고집쟁이 작가 허츠너가 초기 자본금 12,000달러로 시작한 소박한 가게였다.

'아름다운 비즈니스(세종연구원)'를 하고 싶었던 그들은 매년 크리스마스가 되면 차고에서 샐러드 드레싱을 만든다. 동네를 돌아다니며 빈병을 수거해 소독하고 자신들이 만든 샐러드 드레싱을 담아 '메리 크리스마스'를 외치며 이웃에게 나누어 주었다. 반응은 항상 뜨거웠고 매년 나눔의 양이 많아졌다. 어느 해 크리스마스에 뉴먼이 말했다.

"이 정도면 충분해, 이제 차고지를 떠나 진열대에 놓아 보면 어떨까?"

폴 뉴먼은 100% 천연재료로 만든 무방부제 드레싱을 예쁜 병에 담아 동네의 작은 상점에서 팔아보면 어떨까 싶었다. 하지만 판매가보다 높은 생산단가 때문에 주변에서는 말렸다. 그럼에도 불구하고 폴 뉴먼은 이웃들이 인공첨가제를 넣지 않은 샐러드 드레싱을 마음껏 먹게 하고 싶은 마음을 억누를 수 없었다.

"아니야, 이제 이것은 상점 진열대에 놓기만 하면 돼."

이 생각이 후일에 어떤 결과로 이어질지는 아무도 예측할 수 없었다.

덩치 싸움에 밀리지 않고 골리앗을 눕혔던, 마치 다윗의 돌팔매질과도 같은 그들의 마케팅 방식은 당시로서는 파격이었다. 그들은 샐러드 드레싱을 만들게 된 사연을 적어 병에 붙였고, 레시피를 공개하고, 다양한 가사를 담은 노래를 만들어 대중들 앞에서 불렀다.

"나는 폭리를 취하지 않는다네, 천연재료로 완벽하게 만든다네~. 나는 기업을 경영하고 싶지 않아, 오직 눈이 번쩍 뜨일 만한 드레싱을 맛보게 하고 싶을 뿐이야~"

구매자들은 맛에 놀라고, 그들의 노래에 반응하기 시작했다. 그 결과 1982년 공식적인 판매를 시작하여 20년이 흐른 2002년까지 뉴먼스 오운이 자선단체에 기부한 금액은 1억 3,700만 달러로 집계되었다. 제대로 된 돌팔매질을 한 것이다.

이제 위에서 던졌던 첫 번째 질문에 대한 답을 생각해보자. 모든 기업들은 광고를 통해서 자신이 만든 제품이 더 좋으며 당신에게 꼭 필요한 것이라고 설득한다. 요즘처럼 상품이 넘치는 세상에서 무조건 내 상품이 좋다고 외치는 것은, 외치지 않는 것보다 나을 뿐 아무 이익이 없다. 좋은지 나쁜지 판단하고 선택하는 몫은 고객의 손에 달려 있기 때문이다.

그 상품이 고객에게 왜 중요한지, 그것으로 어떤 유무형의 이익을 얻을 수 있는지 일방통행하지 마라. 오직 고객 스스로 동의하도록 하라. 폴 뉴먼은 구매자에게 뉴먼스 오운의 샐러드 드레싱을 사먹는 일이 어떤 이익이 되는지, 왜 중요한 일인지를 알려주기만 했다. 그리고 구매자 스스로 동의해 주었다.

고객이 나를 인지하는 그 내용이 브랜드다

⋮

두 번째 질문에 대한 답이다. 나는 누구이고, 우리 기업(소점포)은 무엇을 하는 곳인가?

변화된 시장의 고객들은 이제 '그냥' 구매하지 않는다. 먼저 기업을 알고 싶어 한다. 이것은 신뢰에 대한 질문이기도 하다. 신뢰를 얻으면 기업의 브랜드 가치는 상승한다. 이것은 자연스럽게 선순환 마케팅으로 이어지기 때문에 중요한 일이다.

브랜드 디자이너 마티 뉴마이어는 브랜드란 '당신이 말하는 그 무엇'이 아니라 '그들이 말하는 그 무엇'이라고 설명했다. 즉 고객들이 기업에 대하여 갖는 공통적인 '연상'이 브랜드다.

콜롬비아대학의 레너드 리 교수와, MIT의 셰인 프레데릭 교수는 브랜드와 관련한 실험 하나를 진행했다. 젊은 대학생들에게 인기가 좋은 버드와이저와 다른 맥주(일명 MIT맥주)를 주고 블라인드 테스트(상표를 가리고 맛보게 하는 것)를 진행했을 때 사람들이 어떤 맥주의 손을 들어줄까? 수백 명의 학생들을 대상으로 실험한 결과 대부분의 학생들은 첫 번째 실험에서 MIT맥주를 선택했다. 이어서 맥주의 상표를 공개한 채 2차 실험을 진행하자 대부분의 학생들은 버드와이저를 골랐다. 부정적인 측면에서 브랜드는 구매자의 비교와 판단을 무디게 만드는 효과가 있다. 반면에 긍정적인 측면에서는 한 번 신뢰가 쌓이면 홍보와 마케팅을 쉽게 만든다. 상표를 신뢰하는 고객들은 말한다. "그들이 만들었으면 난 언제든 오케이야!"

시장은 지속적으로 변한다. 구매 의욕을 자극하는 포인트도 '이것은 무엇이다(이것은 자동차다)'에서, '이것은 값이 싸고, 이런 기능이 있어 좋다, 편리하다(이것은 가성비가 뛰어나다, 사용이 편리하다)'로 변했다. 그 초점은 다시 '누가 만들었다(우리는 건강을 생각하는 기업이다)'에서, 이제는 '그것을 사용하는 당신은 누구인가, 무엇을 느낄 것인가(당신을 생각합니다, 당신에게 딱 맞는 경험을 제공합니다)'로 발전하고 있다. 만약 당신이 가게 문을 열어 놓고 '30% 세일'이나 '물건 참 좋아요', 혹은 둘을 합쳐서 가성비만 외친다면 공급자라는 우물 안에서 마케팅을 바라보는 근시안이라는 함정에 빠지게 될 것이다. 아마도 옆 가게에서도 그렇게 할 것이다. 거리 전체가 파는 사람만 있고, 고객에 대해서 무관심해진다. 행인은 길을 가되 고객이 되기를 거부한다.

당신은 장사를 하지만 구매자이기도 하다. 당신은 어떤가? 좋아 보이는 제품을 먼저 구매하는가? 아니면 믿을 수 있는 제품을 먼저 구매하는가?

팔고 싶다면 먼저 구매자 동의를 이끌어 내라. 그러기 위해서는 신뢰가 필요하다. 자신조차 설득하지 못하는 것으로는 어떤 시장에서도 살아남을 수 없다.

• 성공 창업을 위한 질문 •

① 이 상품은 구매자에게 왜 중요하며, 어떤 이익을 줄 수 있을까?

② 나는 누구이고, 우리 기업(소점포)은 무엇을 하는 곳인가?

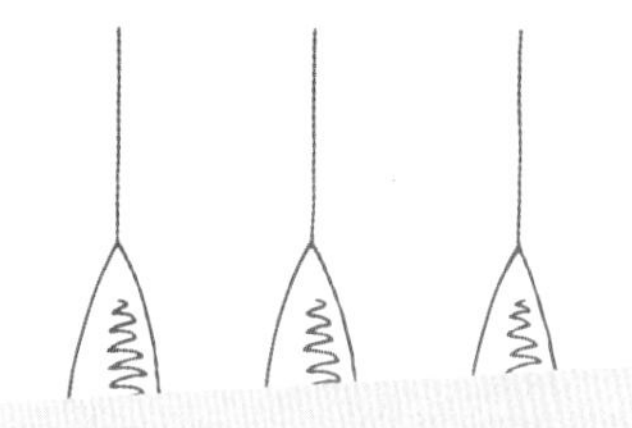

기억의 꼬리표 만들기,
브랜드 네이밍

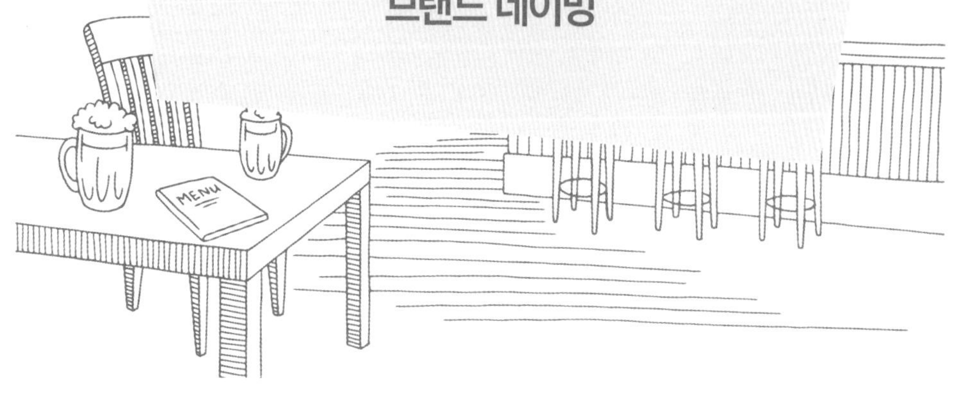

부진한 매출에 대한 진단을 하고 소점포 컨설팅을 하다보면 답답한 순간을 자주 만난다. 점포를 방문해서 진단을 하고 상담도 하다보면 그들은 단번에 매출을 올릴 수 있는 특효약을 기대하는 눈빛으로 나를 본다. 그런 자리에서 점포의 문제점을 설명하고 전략적 대안을 이야기하면 '귀찮고 어려운 건 나중에'라는 태도가 노골적이다.

솔직히 말하면, 한 번에 배불릴 방법이 있다면 나도 알고 싶다. 소점포의 매출 하락이 지속되면 주인장은 자신도 모르게 '그거 해서 뭐가 바뀌겠어?'라는 자포자기 심정에 빠진다. 게다가 불황 타개를 위해 전략을 수행하려면 크든 적든 당장 돈을 투입해야 하는 경우도 생기는데 매출이 줄어드는 상황에서 누가 흔쾌히 투자 결정을 내리겠는가. 설령 컨설턴트의 제안에 고개를 끄덕였다가도 막상 실행을 앞두고는 더 나

빠지면 어쩌나 하는 걱정에 사로잡힌다. 이런 성향은 자영업을 오래한 사장님일수록 강하다. 그들은 자기 방식에 대한 합리화에 익숙하고 변화에 대한 거부감도 강하다. 이래저래 소점포 사장님들의 마음을 움직이기는 쉽지 않다.

안타까운 내 심정을 장황하게 늘어놓은 이유는, 정말 중요하면서도 자주 외면받는 마케팅 전략을 소개하기 위해서다. 이 방법은 순식간에 병을 치료하는 만병통치약은 아니다. 그러나 소점포 창업자의 생존력을 높여주는 정말 중요한 노하우다. 바로 브랜드 네이밍이다.

좋은 브랜드 네이밍은 내 점포를 지역과 주민에게 인식시키는 효과가 크다. 이 전략은 바이럴을 쉽게 하기 위한 전략 중 하나인데 문제는 효과를 확인하기까지는 시간과 인내가 필요하다는 점이다.

예비창업자들은 대개 창업준비기에 상호와 간판에 에너지를 쏟는다. 상호와 간판의 중요성을 알기 때문이다. 그럼 자신의 브랜드에 집중하는 소점포 사장님은 얼마나 될까? 상호가 고객의 입에 불리는 것이라면 브랜드는 고객의 기억에 확실한 자리를 차지하는 것을 말한다. 고객은 상호에 설득당하지 않는다. 고객은 좋은 브랜드에 설득당하고 마음마저 뒤흔들린다. 그러므로 소점포에도 브랜드가 필요하다. 많은 소점포 사장님들에게 자신의 브랜드를 만들어야 한다고 말하면 '브랜드는 돈 많은 대기업이나 프랜차이즈에서 하는 것 아니냐?'고 반문한다. "난 전문가도 아니고…… 당장 그날그날 매출 올리기도 버거운데 무슨 브랜드?" 정도의 반응이다. 그렇게 생각하는 가장 현실적인 이유는 당장 돈이 되지 않는다는 판단 때문이다. 또한 어느 정도 돈을 투입해야 한다는 막연한 부담감에서 거부감을 느낀다. 그럼에도 불구하고 브랜드 네이밍은 꼭 필요하다.

브랜드만으로 장사가 된다

⋮

상호와 함께 브랜드 네이밍에도 신경을 써야 하는 첫 번째 이유가 있다.

"좋은 브랜드는 그 가치만으로도 독자적 매출을 일으킬 수 있다."

좋은 브랜드는 생각보다 넓은 영역에 영향을 미친다. 어느 업종이든 특별한 충성고객을 제외하면 매출은 상품의 질과 비례하지 않는다. 수차례 다루었지만 맛만으로 대박식당이 될 수 있을까? 서점에 진열된 베스트셀러 도서는 언제나 독자를 만족시킬까? 마케팅 시장에서는 품질보다 우선시되는 게 있다(이 말은 품질이 떨어져도 된다는 뜻이 아니다.). 동의하기 어려울 수 있지만 마케팅 시장에서 최고의 장사꾼은 고객의 머릿속에 가장 빨리 기억되고 가장 오래 저장되는 것이다.

나이키와 아디다스 축구화를 고르는 청소년 중에 과연 품질을 따져 구매하는 학생이 몇이나 될까? 착용감, 신축성, 탄성, 마모성보다 그들은 브랜드, 광고 모델, 디자인에 마음이 흔들린다. 더 솔직하게 말하자면 그들은 자신과 가장 친한 친구가 구매한 브랜드를 선택한다. 결국 그들은 품질 이전에 메시와 호날두를 선택하는 것이며, 프레데터와 머큐리얼을 선택하는 것이다.

자꾸만 내가 하는 소점포는 기업이 아니라는 생각이 들면 곤란하다. 왜 모든 기업에는 브랜드가 필요할까? 그림을 보자.

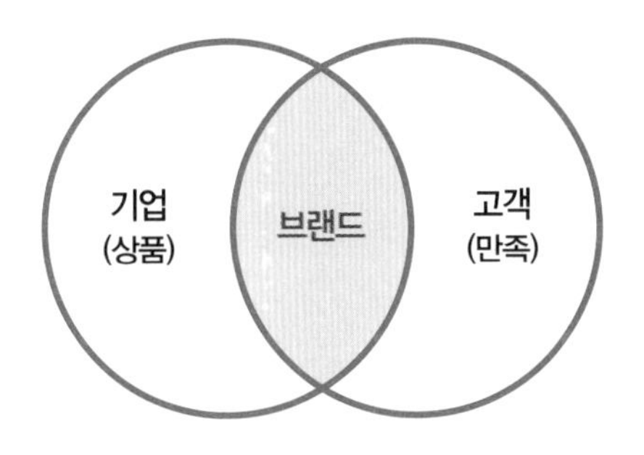

기업과 고객 두 집단이 있다. 기업은 상품보다 브랜드를 앞세워 고객에게 다가간다. 마찬가지로 고객은 브랜드에 만족을 느끼는 것이지 기업에 만족하는 것이 아니다. 그러므로 '브랜드'는 기업과 고객, 즉 판매자와 소비자가 만나는 공동경비구역과 같다. 이 비무장지대가 클수록 고객은 기업과 그 기업의 브랜드를 일체화하게 되고, 기업은 자기 브랜드의 파워와 고객만족도가 비례한다고 믿게 된다. 비무장지대의 크기가 클수록 한쪽은 이익을 다른 한쪽은 만족을 얻는다.

브랜드가 없으면 입소문이 힘들다

⋮

브랜드 네이밍에 신경을 써야 할 두 번째 이유가 있다.

"브랜딩이 되지 않은 상호는 바이럴(입소문)조차 어렵다."

따로 돈들이지 않고 홍보하는 가장 좋은 방법은 입소문이 아닌가? 그러나 달랑 상호만 있다면 소문을 내주고 싶어도 그게 힘들다. 설명이 길어지기 마련이며 상대가 이해할 때까지 지루한 시간을 견뎌야 한다. 귀차니즘이라도 발동하면 설명이고 뭐고 다 포기하게 되고 결국 '나중에 한번 데리고 갈게' 하고 마무리된다. 물론 일상에 바쁜 우리가 언제 다시 가게 될지는 아무도 모른다.

지금 언급하는 두 단체는 사회적경제 영역에서 의미 있게 활동하는 조직이다. 〈(사)함께만드는세상〉은 〈사회연대은행〉의 법인명이다. 〈(사)함께하는 인천사람들〉은 〈인천사회적은행〉의 법인명이다. 만약 두 법인명을 기억해야 한다면 당신은 〈(사)함께만드는세상〉과 〈사회연대은행〉 중에 어떤 것이 기억하기 쉬울까? 또한 〈(사)함께하는 인천사람들〉과 〈인천사회적은행〉 중에 어떤 것이 더 오래 기억될 수 있을까? 이미 좋은 브랜드를 가지고 있다면 상호야 사업자등록증에만 박혀 있어도 무방하다.

두 개의 사례가 명칭이 길어서 기억하기 어렵지 않느냐고? 그러나 상호가 짧다고 기억이 쉬운 것도 아니다. 만약 어느 동네에 개인이 운영하는 커피점 상호가 '믹스'라고 한다면, 그냥 '믹스'와 '커피 대장 믹스' 중 어느 것이 시간이 지나도 오래 기억될까. 고객의 머리에 기억시키는 것은 단어의 길고 짧음에 있지 않다. '가슴이 커지는 치킨, 미끈한 족발'이라고 네이밍을 한 통닭과 족발이 있다면 설령 그 맛이 특별하지 않더라도 기억과 바이럴이 용이해진다. 듣는 순간 흥미가 피어오르고 궁금해진다. 성급한 치맥 마니아들은 성급한 결정이라고 느끼면서도 서둘러 가보고 싶을지 모른다. 브랜드 네이밍이 중요한 이유다.

메뉴판에서도 네이밍 기술은 매출 증대에 도움이 된다

⋮

같은 맥락에서 메뉴도 마찬가지다. 당신이라면 다음 A와 B 가게의 메뉴 가운데 어떤 걸 선택할 것인가?

A 가게

- 매콤달달 떡볶이
- 생과일 쥬스

B 가게

- 순창에서 강렬한 태양 빛으로 태닝한 태양초로 만든 매콤달달 떡볶이
- 오늘 구매한 싱싱한 과일로 만든 로컬 생과일 쥬스

〈나는 왜 과식하는가〉의 저자 브라이언 완싱크는 레스토랑에서 6가지 메뉴로 실험을 했다. 같은 음식에 각각 평범한 이름과 표현력 있는 이름으로 두 종류의 메뉴판을 만들고 6주 동안 실험한 결과를 공개했다. 예를 들면 이런 식이다.

A 가게

- 라이스를 곁들인 레드 빈스

- 석쇠에 구운 치킨

B 가게

- 전통적인 케이준 풍의 라이스를 곁들인 레드 빈스

- 석쇠에 부드럽게 구운 치킨

재미있게도 표현력을 가미한 B 메뉴판이 27%나 더 팔렸다. 기대감을 갖게 하는 통통 튀는 형용사는 한편으론 빤한 수작이라고 생각하면서도 마음속에 기대감을 일으킨다. 그 기대감이 결국은 선택의 좌표로 작용한다. 마케팅 경쟁이 치열해지면서 아쉽게도 수제(handmade)의 의미가 많이 퇴색되었다. 너도 나도 '수제'를 외치기 때문이다. 사실 세상의 모든 쿠키는 수제가 아닌가. 공정상 한 번 이상은 누군가의 손을 거쳤을 테니 말이다. 그럼에도 불구하고 '땅콩쿠키'보다는 '수제 땅콩쿠키'에 마음이 더 움직이는 것이 고객이다.

맛있는 집은 그냥 맛있는 집일 뿐이다. 실내를 잘 꾸며놓았다면 그냥 좀 럭셔리한 가게다. 지하철역 출구 바로 앞에 있다면 위치 설명이 쉽고 그저 찾기 쉬운 점포이다. 반면 브랜드 네이밍은 내가 가진 개성을 무기

삼아 고객의 머릿속에 전략적으로 침투해 들어가는 과정이다. 이 과정은 기억하기 쉬운 어느 한 곳에 깃발을 꽂으며 끝을 맺는다.

네이밍이 빠진 맛, 가격, 품질은 밋밋하다. 맛도 좋고 가격도 적당하고 품질도 우수하지만 그게 전부다. 시간이 지나면 기억에서 멀어진다. 나름 솜씨 있다고 하니까 창업했으나 갈수록 품질의 차이는 줄어든다. 닭 무리 속 한 마리 닭이 되면 그 닭을 어떻게 기억하며 또 어떻게 소개해야 할까? 나만 아는 특별함은 소용없다. 고객이 나를 평범하다고 인식하면 한 다리를 건너 옆으로 전달되기에는 한계가 있다. 더구나 상호 외에 달리 설명할 것이 없다면 입소문을 내기도 힘들다. 흔한 것이 되는 순간 바이럴은 한계에 부딪친다. 고작해야 '괜찮은 곳이 있어' 정도로 소개가 그친다. 진짜 바이럴은 경험한 사람이 친구에게 전달하는 게 아니라 어디선가 주워들은 그 친구가 다른 친구에게 전달하는 것이다. 좋은 브랜드 네이밍은 한 다리를 더 건너 입자랑을 늘어놓게 한다.

• 성공 창업을 위한 질문 •

① 당신은 어떤 상호, 어떤 브랜드 이름을 생각하고 있는가?

② 당신이 지은 브랜드 이름은 고객의 기억에 새겨질 만한가?

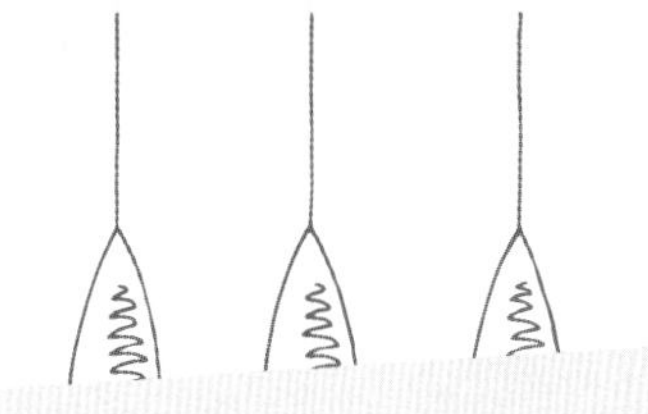

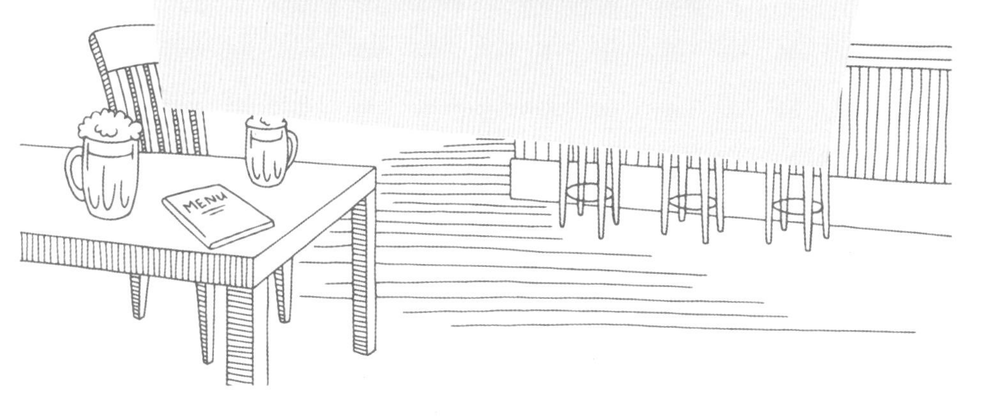

꽂히는 브랜드 네이밍의 기술

좋은 브랜드 네이밍은 의미, 발음, 표현 세 가지가 내 점포, 내 상품과 잘 조화를 이룬다. 이 세 가지 요소를 기본으로 언어적 측면에서 마케팅 방향에 적합하도록 이름을 붙인다. 브랜드는 '쓰기 쉽고 발음하기도 쉽고 외우기에도 쉬워야' 한다.

가이드 1

발음이 쉬워야 한다.

(사례 : 올레 / 비트 / 다시다 / 옹가네)

가이드 2

율동감이 있으면 금상첨화다.

(사례 : 뽀로로 / 빼빼로 / 보노보노 / 글라스락)

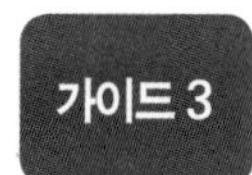

'단순함'을 고려하라.

(사례 : 뽕따 / 꼬북 / 빠새)

사람은 발음이 쉬운 단어에 더 호감을 갖는 경향이 있는 반면 어려운 발음에는 경계심을 갖기도 한다. 물론 역발상적 전략으로 발음을 어렵게 만드는 경우도 있다. 그러나 소점포 창업자에게 추천하기 힘든 방법이다. 발음하기 쉽게 인식되도록 지어서 경계심을 낮추는 것이 좋다. 심리학자이면서 노벨경제학상을 수상한 대니얼 카너먼은 신생기업들이 주식을 발행했을 때 쉬운 이름을 가진 기업의 주식이 단기간에 더 많이 올랐음에 주목하라고 조언한다.

브랜드 네이밍을 할 때는 두 가지 접근법이 있다.

① 의미형 브랜딩

- 상품에 담긴 '의미, 가치'와 관련해서 짓는 방법이다.
- 상품의 내용이나 기능 전달이 쉬워 내 점포와 상품의 실용성과 효용성을 강조하고 싶을 때 적합하다.
- 주로 실생활이나 건강 관련 업종(혹은 상품)에 적용할 수 있다.
- 예 : 푸르지오 / 스와치 / 미녀는 석류를 좋아해 / 오곡쿠키

② 이미지형 브랜딩

- 상품이 갖고 있는 '이미지, 느낌'과 관련해서 짓는 방법이다.
- 내 점포와 상품의 직관적 이미지를 빨리 떠오르게 할 수 있다.
- 느낌을 중요시하는 업종과 상품에 적합하다.

- 예 : 가슴이 커지는 치킨 / e편한세상 / 잘풀리는집 / 대머리 광택 / 참이슬 / 백세주

브랜드가 필요한 이유는 가치 때문이다. 내 상품, 내 서비스를 팔면서 제 값을 받고 생명력도 연장하기 위해서 브랜드는 필요하다. 소점포 사장님들의 고민 중 하나는 애써 만든 내 상품과 서비스가 제 값을 받지 못하는 데 있다. 브랜드가 없기 때문이다. 동네 슈퍼에서 물건을 사면 검정색 비닐봉투에 그냥 담아준다. 그것은 포장재라기보다는 운반을 위한 봉지일 뿐이다. 그러니 집에 가져오는 순간 구석에 처박히게 된다. 백화점에서는 작은 것 하나도 포장을 하고 쇼핑백에 담아준다. 브랜드로 보이고 싶기 때문이다. 브랜드 가치는 곧 매출과 직결된다.

회사가 문을 닫는다는 것은 상호가 사라지는 것을 의미한다. 그러나 회사가 문을 닫아도 브랜드는 남는다. 왜 그럴까? 상호는 말하는 사람의 입에 존재하는 것이라면 브랜드는 기억에 존재하는 것이기 때문이다. 삼성자동차는 2000년도에 르노삼성으로 바뀌었다. 삼성자동차는 역사의 저편으로 사라졌지만 그때 생산하던 브랜드인 SM시리즈는 지금도 도로를 질주하고 있다. 거리에서 마주치는 SM시리즈는 언뜻 삼성자동차를 떠오르게 한다. 브랜드 덕분에 상호까지 잊히지 않도록 해주는 사례다. 지속성을 높이려면 브랜드를 만들어라.

• 성공 창업을 위한 질문 •

① 위의 가이드(1~3)에 따라 브랜드 네이밍을 해보자.

② 위의 2가지 접근법 가운데 자신의 업종에 맞는 방법을 택하여 브랜드 네이밍을 해보자.

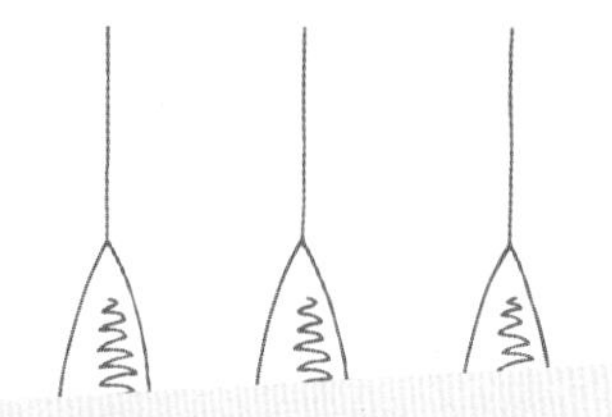

더 나은 장사꾼이 되려면 브랜드를 4가지로 쪼개서 접근하라

한때 나이키의 경쟁상대는 닌텐도라는 이야기가 있었다. 그럼 치킨, 피자 등 소점포의 적은 누구일까? 다른 치킨, 다른 피자 가게일까? 아니다. 바로 고객의 무관심이다.

우리는 늘 바쁘다. 당신이 바쁘게 사는 만큼 고객도 늘 바쁘다. 바쁜 탓에 사람들은 관심 밖의 일에는 잠시라도 마음 한편을 내어주는 것이 쉽지 않다. 쏟아지는 홍보물, 이메일, 거리의 광고물, 거리에서 집요하게 나누어주는 전단지조차 무관심하다. 이렇게 바쁜 고객들은 미안하지만 당신의 브랜드와 상품에도 관심이 없다. 오히려 고객들은 넘치는 광고와 홍보물로 이미 스트레스를 받고 있다. 한 조사에서는 사람들이 대상을 알아차리는 데 걸리는 시간이 0.6초라고 한다. 스캔을 하고 간을 보는데 걸리는 시간은 '찰라'인 것이다.

그러므로 이제부터 당신은 고객의 무관심에 대항하기 위해 상품보다 먼저 브랜드로 무장해야 한다. 그렇지 않으면 정성으로 만든 당신의 상품과 큰 돈 들인 인테리어는 눈 깜짝 하는 사이에 시선 밖으로 사라져 버릴 것이다. 0.6초 안에 승부를 걸어야 한다.

브랜드란 무엇일까? 브랜드는 무엇으로 만들어지며 어떻게 만들어낼 수 있을까? 일부에서는 브랜드를 명품과 혼동하는 경우도 있다. 그러나 브랜드란 장사하는 모든 사람에게 필요한 장사의 기술이다. 메뉴와 가격을 기억하듯이 브랜드를 낱낱이 이해하는 게 장사꾼이 되는 지름길이다.

브랜드를 쪼개보면 4가지의 요소로 구성되었음을 알 수 있다. 원물질, 생산자(판매자), 상품(서비스), 가치가 그것이다. 예를 들어 보자.

① 원물질

족발의 원물질은 당연히 돼지이다. 이것을 브랜드적 측면에서 말하자면 그냥 돼지가 아닌 제주도 흑돼지인지, 녹차를 먹여서 키운 돼지인지 구분하는 것이다. 이를 소비자가 인지하도록 해야 한다.

② 생산자

생산자(판매자)는 단어의 뜻 그대로이다. 브랜드를 만들고 싶은 사람은 자신을 잘 알릴 수 있어야 한다. 누가 만들었는지, 누가 팔고 있는지. 과거와 달리 요즘 소비자들은 만든 사람도 궁금하다. 그는 누구이며, 어떤 배경을 갖고 있고 어떤 의식을 갖고 있는지 진심에서 궁금해한다. 그러므로 자신이 누구인지를 소비자에게 알리지 못하면 아무리 좋은 상품도 브랜딩에 성공할 수 없다. 명품가방이나 의류의 경우 디자이너 이름 자체가 브랜드가 되는 경우도 있지 않은가. 누가 끓인 라면인지, 나는 왜 이 상품을 팔고 있는지 상품 속에 만든 사람이 스며들어 있어야 한다. 특히 사회적기업을 하는 사람이라면 이 부분에 더욱 민감해야 한다.

③ 상품

상품(서비스)은 결과물을 말하는 것이다. 나아가 그 상품과 함께 손님의 손에 전해질 포장의 형태를 포함한다. 만약 서로 다른 두 족발가게에서 동시에 신제품을 출시하여 접시에 각각 나누어 담았다면 당신은 그것을 구별할 수 있을까? 만약 당신이 손쉽게 어떤 상품을 그와 유사한 제품 사이에서 구분해 낼 수 있다면 그것은 이미 당신 머릿속에 그 브랜드에 대한 인지가 형성되었기 때문이다. 인지도가 생기기 전에 오직 상품만으로는 브랜드를 구별할 수 없다. 그 상품의 형태는 어떤지, 어떻게 포장하였는지, 그리고 여기에 어떤 상표를 붙였는지에 따라 소비자는 그 상품을 다른 유사제품 사이에서 구분하게 된다. 그것이 브랜드 인지도를 싹 틔우는 시작이다.

④ 가치

가치란 상품에서 얻는 효과나 기대치이며 나아가 의미이다. '그 집 족발은 먹어도 속이 부대끼지 않더라, 살이 찌지 않는 족발이래, 그 집 족발은 먹으면 피부에 윤기가 도는 것 같아, 그 집 족발을 하나 구매하면 지역의 결식아동을 지원한데' 등등 어떤 효과나 기대치가 브랜드에 담기면 가치가 탄생한다.

소점포 자영업자들이 놓치는 하나가 상품만 좋으면 맛만 있으면 내 점포 내 상호를 기억해 줄 것이라고 생각한다. 그러나 좋은 브랜드는 단순히 좋은 상품으로만 승부를 걸 수 있는 것이 아니다. 기억하라. 브랜드는 대기업만의 전유물이 아니다. 소점포에서도 성패를 가르는 중요한 부분이다.

• 성공 창업을 위한 질문 •

① 아직도 브랜드의 의미가 헷갈린다면 갖고 싶은 명품 가방이나 전자제품 하나를 떠올리고 위의 4가지가 그 제품에 어떻게 담겨 있는지 연습 삼아 4가지로 쪼개보자.

② 나의 창업 아이템을 4가지 요소로 구분하고 각각에 해결책이나 답변을 달아보자.

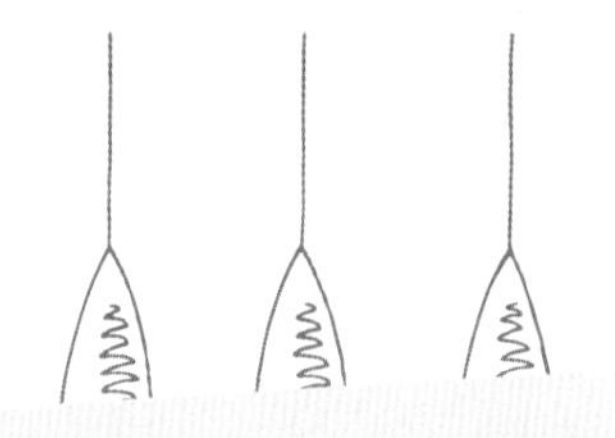

손님을 쫓아내는 무의식적 행동들

서울 강서구에 있는 떡집에 컨설팅을 나갔다. 시식 떡을 먹어보니 맛이 굉장했다. 입 안에서 질척이거나 한순간에 뭉개짐 없이 적당하게 씹히는 찰기, 달지 않으면서 유지되는 쌀과 고물의 고소함, 견과류의 적당한 조화, 요즘 보기 드물게 떡 고수를 만난 것에 내심 반갑고 고마웠다. 대표와 이야기를 나누다 보니 떡을 가르쳐준 사부가 이름만 대도 알만한 떡 업계의 장인이었다.

지하철 화곡역에서 나오면 동네로 들어가는 어귀에 매장이 자리하고 있어 동네 주민들의 왕래가 잦다. 방문하던 날 간판 다음으로 내 눈에 띈 것은 매장 전면 판매대에 놓인 가격표였다. 가격표가 매장 안쪽을 향하고 있어서 길에서는 볼 수 없었다. 왜 이렇게 했는지 물었더니 사장님의 이런 답변이 돌아왔다.

"어차피 살 사람은 들어와서 보면 되지 않겠나? 아는 사람은 다 안다. 이미 동네에서 우리 떡 맛있는 것과 가격 정도는 다 안다."

아마 시중의 흔한 떡보다 가격대가 살짝 높아 비싸다는 선입견을 불러올까 싶었던 모양이다. 매장 내에 시식 떡을 수북이 쌓아두었으니 궁금한 사람들은 매장에 들어와 시식을 해보면 대부분은 떡을 산다는 것이 대표의 설명이었다.

마케팅 차원에서 보자면 의아한 방법이다. 가게 앞을 지나가는 행인의 궁금증은 즉시 해결되어야 한다. 고객과의 심리적, 물리적 거리는 짧을수록 좋다. 포장마차가 길목을 지키고 있는 것이나 소매점들이 상품마다 큰 종이에 달랑 '1000원'이라고 가격만 적어 두는 이유가 그렇다. 절차를 밟아서 구매에 이르러야 한다면 고객 입장에서는 여간 불편한 게 아니다.

행인이 시선을 돌린다는 것은 주의를 끌고 있다는 뜻이다. 걸음을 멈추거나 느려진다는 것은 이미 마음속에 흥미를 느끼고 있다는 증거다. 뭔지는 모르지만 물건에 눈길을 끄는 요소가 있기 때문이다. 그런데 이때 가격을 알 수 없게 된 고객에게는 다가가기에 주저하는 마음도 같이 생긴다. 더구나 한 번도 방문한 적이 없는 동네 주민이라면 기존에 갖고 있던 막연한 거리감(가격, 맛 등)으로 매장의 문을 열기까지 결정을 늦출 것이다.

상품을 살아 있게 만들어라

⋮

상품을 팔고 싶다면 물건에 상품적 가치를 담아야 한다. 상품적 가치는 생산자가 만들어 내는 것이 아니다. 생산자가 만든 것은 물건일 뿐이다. 그것을 상품으로 변화시키려는 노력은 판매자가 해야 한다. 그러므로 물건을 상품으로 완성시키는 것은 최종 판매자의 몫이다. 상품적 가치를 담는 방법은 여러 가지가 있다.

예를 들면 물건의 위치만 바꾸어도 다르게 보이는 경우가 있다. 조명의 각도만 바뀌었을 뿐인데 물건의 얼굴은 달라지기도 한다. 매대 구석에서 켜켜이 쌓인 먼지만 털어내어도 팔리는 경우를 보았다. 포장을 정성껏 하는 과정에서도 상품의 가치는 높아진다. 이것이 과대포장의 원인이 되기도 하지만 적절한 포장기법의 활용은 상품적 가치를 높이기에 충분하다.

또한 많은 예비창업자들이 인테리어를 중요하게 생각하는 이유도 여기에 있다. 물론 소점포 창업자가 수천만 원씩 들여 인테리어 비용으로 할애하는 건 과하지만 말이다.

그러나 상품적 가치를 만들어내려면 무언가를 보태는 일보다 우선적으로 내가 무의식중에 손님을 내쫓고 있는 건 아닌지 살필 일이다.

앞의 예처럼 메뉴판을 행인이 못 보게 돌려놓는다든가 메뉴판의 글자가 너무 작다든가 또는 메인 상품이나 계절별 주력 상품 안내가 눈에 띄지 않는 곳에 자리한다든가 상품 구성과 진열이 우왕좌왕하든가 너무 한쪽에 몰려 있어 한눈에 들어오지 않는다면 이는 손님을 번거롭게 만들어 쫓아내는 일이 아니고 무엇인가?

잘 된 상품 구성, 짜임새 있는 메뉴, 적절한 인테리어를 위해서는 창업자의 경험과 감각이 조화롭게 어우러진 손길이 필요하다. 이를 위해서 소점포 예비창업자는 평소에 많이 보고, 메모해두어야 한다. 틈날 때마다 찾아보며 내 매장에 어떻게 적용할 수 있을지 고민하는 게 좋다. 탁월한 감각을 완성하는 것은 경험과 고민이다.

감각은 경험에서 시작되고 고민하면서 다듬어진다. 결국 좋은 감각을 유지하기 위해서는 평소에 사물을 예민하게 바라보는 관찰력이 필요하다.

내 물건에 대한 애정을 잃지 않기를 바란다. 어렵게 상품으로 진열한 것을 다시 물건으로 전락시켜서는 안 된다. 물건이 마치 판매자에게 외면당한 채 시선을 끌기 위해 홀로 애쓰고 있는 매장이 의외로 많다. 이때 가격표가 도와주고 진열대가 도와주고 조명과 포장 기술이 도와준다면 다시 상품으로 재탄생하게 된다.

서비스도 마찬가지다. 직원의 서비스가 달라지면 고객의 만족도는 높아진다. 서비스의 격을 높이기 위해 어떤 판매자는 상품을 '얘는 어떻게 만들었고 얘는 얼마고' 하는 식으로 의인화해서 소개한다. 듣기에 거부감을 낮추고 친근하게 만들기 위해서인데 달리 보자면 상품의 격을 높이기 위한 수단이 되기도 한다.

죽은 상품은 팔리지 않는다. 상품은 살아 있는 것임을 잊지 마라. 감각적 요소가 부각되면 상품은 그 순간 활동성을 갖게 된다. 진열된 자기 자리에서 숨을 쉬며 손님을 향하여 무언의 메시지를 전달한다. 이 모든 것은 판매자의 감각에 좌우된다.

상품이 있어야 할 자리에 물건이 '그냥' 놓여 있는 경우를 보게 된다.

당신은 물건을 팔고 싶은가? 아니면 상품을 팔고 싶은가? 그 결정은 누구도 아닌 판매자인 당신이 해야 한다. 상품을 살아 있게 만들어라. 장사의 타성에 젖지 마라.

• 성공 창업을 위한 질문 •

① 당신의 매장 혹은 서비스는 상품을 살아 있게 만들고 있는가?

② 당신의 매장 혹은 서비스는 고객과의 심리적 거리가 가까운가?

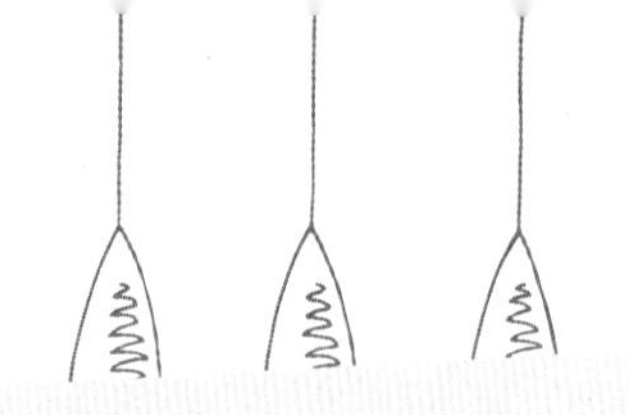

당부한다,
쿠폰북 광고의 유혹에 흔들리지 말자

"일대일 서비스를 제공할 수 있어야 생존할 수 있다."

제프 베조스 아마존 CEO

여러분은 2003년 이후 텔레비전에서 아마존의 광고를 본 적이 있는가? 당시 아마존은 텔레비전 광고를 중단한다고 선언했다. 그리고 2003년 9월 뉴욕타임즈는 광고 중단 이후 아마존이 거둔 실적을 보도했다. 매출 37% 상승과 해외 영업부문 81% 성장. 아마존의 몰락을 예견하는 사람들의 우려에도 불구하고 제프 베조스가 띄운 혁신의 배는 더 멀리 항해를 이어가고 있었다.

음식업 사장님들은 배달 음식을 중심으로 쿠폰북 광고에 집중한다. 쿠폰북이란 배달 음식을 종류별로 모아 만든 홍보용 소책자로, 소점포가 할 수 있는 만만한 광고 채널 중 하나다. 많은 소점포들이 수익의 상당금액을 주기적인 광고비용으로 지출하지만 그 효과는 어떨까? 투입한 만큼 매출이 오를까? 두 가지가 궁금하다.

① 쿠폰북 비용보다 수익이 더 높을까?

② 쿠폰북을 통해 내 브랜드가 홍보되고 있을까?

쿠폰북을 돌리고 한 이틀 정도는 반짝 효과가 있다. 그러나 시간이 지나면 매출은 다시 원점이다. 이 현상은 쿠폰북을 통해서 일시적으로 매출이 발생한 것이지, 꾸준히 하던 광고를 중단하여 매출이 내려간 것이 아니다. 그 잠깐의 매출 상승을 위해 안심 보험료를 내듯 다시 광고비용을 지출한다. 그들에게 쿠폰북은 심리적 안정제다. 생각해보면 쿠폰북을 통해 발생한 매출 수익이 광고비로 지출한 비용보다 높은지 정확히 알 수 없다.

어떤 소점포 사장님들은 이것 말고 딱히 다른 홍보 방법이 없다고 하소연한다. 그 말에 일부 동의한다. 하지만 쿠폰북 광고가 내 이익을 높여주는지 의문스러울 뿐 아니라 내 상호 내 점포가 홍보되고 있는지 알 수 없는 상황이라면? 예를 들어 쿠폰북 속에 브랜드마다 비슷비슷한 치킨 사진과 이미지는 상호를 서로 바꾸어 놓아도 전혀 어색하지 않다. 심지어 텔레비전의 프랜차이즈 치킨 광고도 마찬가지다. 모델과 광고 내용은 그대로 두고 브랜드만 서로 바꾸어도 시청자들은 분간하지 못할 것이다. 주문 전화번호와 상호만 다를 뿐이지 치킨 광고는 그저 '모든 치킨' 광고에 지나지 않다. 족발도 피자도 커피도 중국음식도 마찬가지다.

마케팅의 대가 필립 코틀러는 능력 있는 마케터들조차 시장 중심적이지도 않고 고객 지향적이지도 않은 어정쩡한 마케팅을 한다고 지적한다. 홍보의 핵심은 고객들이 그것을 통해서 내 가게, 내 상호, 내 브랜드, 내 제품을 기억해주어야 하는데 고객들은 필요할 때나 쿠폰북을 찾을 뿐 내 가게에 대한 정보는 기억하지 않는다. 결국 쿠폰북 광고는 내 비용을 들여 업종만 홍보해 주는 격이다(만약 당신이 프랜차이즈 가맹점이라면 내 비용으로 프랜차이즈 브랜드만 홍보해 주는 격이다.).

광고는 브랜드를 알린 후에 하는 게 정석

⋮

미국의 '펫츠닷컴'은 1990년대 말 인터넷을 통해서 개나 고양이 등 애완동물 용품을 파는 유명한 회사였다. 이 회사는 광고 대행사를 통해 대대적인 광고를 전개하였다. 광고는 성공적이었고 예상보다 광고 효과도 높았다. 광고에 등장했던 강아지 인형은 단숨에 스타가 되어 아침방송에 초대되는가 하면 백화점 행사는 물론 경매시장 잡지에 모델로 등장하기도 했다. 펫츠닷컴은 광고가 불러온 반향에 홀딱 빠져 1,000만 달러라는 금액을 책정하고 후속 광고를 집행했다. 그러나 정작 중요한 매출은 늘지 않았고 회사는 문을 닫게 되었다.

광고는 성공적이었다. 적어도 개나 고양이를 키우는 사람들이 인터넷을 통해서 애완용품을 구매하게 만드는 데 혁혁한 공을 세웠다. 소비자들은 그 강아지 인형은 기억해도 그것이 펫츠닷컴인지 펫스토어인지

펫시티인지 분간하지 못했을 뿐 아니라 기억하지 못하는 사람도 수두룩했다. 그저 인터넷을 통해서 어디 제품인지와는 상관없이 물건만 주문할 뿐이었다. 업계만 알린 셈이다.

쿠폰북 광고는 업계를 홍보하는 효과는 있을지 모른다. 그러나 왜 내 돈을 들여 남을 홍보해주어야 할까?

광고란 내 브랜드가 알려진 후에 하는 게 정석이다. 공개적인 자리에서 내 소개도 없이 자랑부터 한다면 듣는 사람은 그래서 누가 잘났다는 건지 끝까지 모른다. 차라리 쿠폰북 비용으로 이벤트를 진행하자. 매주 1회라도, 단 1명의 손님에게라도 경품을 통해 놀라움을 선사하든지 서비스의 질과 양을 높이든지 하는 것이 점주에게는 더 효과적인 홍보 전략이 된다. 만약 불안한 마음에 쿠폰북 광고라도 해야겠다면 내 브랜드 내 상호부터 알리자. 그렇지 않으면 당신은 장사를 하는 동안 쉬지 않고 쿠폰북으로 업계 홍보만 하는 셈이다. 잠깐 오르는 매출을 확인하기 위해서 말이다. 그리고 아쉽게도 고객의 머릿속에 남는 것은 내가 주문했던 가게가 이모네 족발인지 고모네 족발인지 가물거리는 기억뿐이다.

• 성공 창업을 위한 질문 •

① 창업 전에는 모르지만, 창업 후 매출 부진으로 불안감이 엄습하면 광고를 바라보는 시선이 달라진다. 이때 광고 말고 다른 대안을 준비하고 있는가?

② 만일 광고를 한다면 언제 어떻게 접근할 것인지 전략적인 계획을 세우고 있는가?

: 부록 ❷ :

적당한 가격에 대한 오해

'적당한 가격'이란 구매자의 심리적 동의를 얻어야 하는 일이다. 그러므로 판매자는 구매자에게 적당한 가격을 제시하지 못하면 판매 접점에 도달하지 못한다. 괜찮은 지역에서 인테리어 잘 해놓고 고가정책으로 나가면 밑도 끝도 없이 고객은 '좋은 상품'을 파는 집이라고 미루어 짐작한다. 반대로 마진폭을 줄여 저가정책으로 나가면 고객은 '싼 물건'으로 왜곡한다. 좋은 상품을 싸게 팔면 더할 나위 없다. 하지만 좋은 상품과 싸다는 인식을 동시에 잡으려는 것은 위험하다. 왜냐하면 '이 상품에 이 정도 가격이면 적당합니다'라고 말하는 것이, 어떤 구매자에게는 '이 정도 가격이면 그럭저럭 괜찮은 상품입니다'라는 말로 들릴 수도 있다. 그래서 싼 것도 아니고 좋은 상품도 아니라는 메시지로 전달될 수 있기 때문이다.

가격 전략은 판매자에게는 늘 부담스런 일이다. 창업 초기 매장을 포지셔닝하는 단계라면 가격 정책을 세울 때 상품 또는 가격 중에 어느 하나라도 분명한 메시지를 전달하는 것이 안정적인 정착에 유리하다. 자칫 싼 가격에 대한 집착이 상품의 가치를 떨어뜨릴 수 있기 때문이다. 판매자의 입장에서 이 매장은 '좋은 상품을 판다'는 인식을 얻고자 한다면 저렴해야 한다는 부담을 줄일 수 있고, '싸게 파는 집'이라는 인식을 얻고자 한다면 상품구성에 부담을 줄일 수 있다. 그러므로 '좋은 상품'과 '싼 가격' 중 하나를 택하는 접근법이 유리하다.

적당한 가격은 피하자. 그냥 외치는 구호가 아닌, 정말 좋은 상품을 갖다 놓고 아주 싸게 팔 수 없다면 시장 형성 가격을 매기거나 차라리 심리적 저항이 있는 금액을 선택하라. 그렇다면 최소한 좋은 상품을 파는 집, 좋은 재료를 사용하는 집이라는 메시지는 건질 수 있다. 심리적 저항을 받는 가격이란 누구나 인정하는 '적당한 가격'보다 높은 액수를 말한다.

미용실 남자 컷 1만 원은 적당한 가격일까?

지역마다 차이는 있지만 미용실 남자 컷의 평균 가격은 대략 1만 원이다. 예를 들어 나는 좋은 제품을 사용하고 있고 그래서 11,000원을 받고 싶다면 서비스에 좀 더 신경을 쓰거나 좋은 제품을 사용한다는 것을 반드시 고객이 시각적으로 알 수 있도록 해야 한다. 샴푸실에 제품에 대한 간단한 POP 홍보물을 붙여두고 샴푸를 하면서 향기나 느낌을 묻는 짧은 대화를 건네라. 이 제품은 두피 건강 또는 머릿결 코팅을 위한 천연 재료가 첨가된 제품이라는 메시지 정도면 된다. 그 다음은 고객이 스스로 인식할 것이다. 이 부분에서 고객은 가격에 대한 저항심을 거두게 된다.

너무 쉽게 말한다고? 이조차도 없이 8천 원 받으면서 샴푸 서비스를 해주지 않는 곳도 있다. 손님 입장에서 싸다는 느낌을 받기야 하겠지만 뒤이어 그 가격은 그저 당연한 금액이 될 것이다. 또한 1만 원 받으면서 그냥 샴푸만 해주는 미용실도 많다. 이런 경우에도 고객은 샴푸가 특별한 서비스라는 느낌을 갖지 않는다. 적당한 가격(1만 원)을 받게 되면 서비스에 신경을 쓰거나 좋은 샴푸를 사용하더라도 고객은 당신의 진심을 왜곡할 가능성이 생긴다. 당연히 누려야 할 것을 제공하는 평범한 가게로 말이다.

3장

오래가는 기술

소점포 창업으로 성공하고 싶다면

투자금을 낮추고 동네로 철저하게 귀환하라.

그리고 주민들 속으로 녹아들어라.

내 지역과 골목 상권을 지배하지 못하고는

내 업종으로 유명해지거나

돈을 벌 가능성은 희박하다.

먼저 지역을 접수해야 한다.

500원짜리 꼬마 손님은 누구의 아들일까?

고객이란 무엇일까? 소점포 자영업자에게 고객은 경영의 전부다. 고객으로 인해 장사의 기쁨을 얻기도 하고 돌아서서 삶의 회의를 느끼기도 한다. 그들로 인해 내 업의 만족을 얻기도 하고 때론 자신을 한탄하기도 한다. 월급쟁이가 인사권을 가진 경영진에 운명을 걸 듯 소점포 자영업자는 고객에게 업의 운명을 건다. 품삯에 연연하며 상사의 눈을 피해 시시한 재테크 정도나 하면서 사는 째째한 월급쟁이가 있는가 하면, 500원을 들고 오뎅 한 꼬치를 계산하기 위해 서 있는 동네 꼬마에게도 기꺼이 관심을 갖고 이름을 불러주는 장사꾼도 있다. 월급쟁이든 장사꾼이든 고객을 위해 일하는 사람들은 단번에 눈에 띈다. 그들은 일을 통해서 가치를 만들고 새로운 고객을 만들어 내기 때문이다.

비가 내리는 어느 날 무왕이 태공망에게 질문을 하였다.

"장수가 반드시 승리하는 비법은 무엇인가?"

태공망이 답했다.

"자기를 낮출 줄 아는 장수, 어려움을 견디는 장수, 욕심을 절제할 줄 아는 장수는 반드시 승리합니다. 그러므로 첫째 비가 내리더라도 장수가 혼자서 우산을 써서는 안 됩니다. 둘째 진흙탕을 지날 때는 장수도 말에서 내려 같이 걸어야 합니다. 셋째 병사들이 불을 지피지 못하고 있다면 장수도 천막에서 나와야 합니다. 그렇게 하면 병사들은 벌판에서는 앞 다투어 진격하고, 퇴각 신호에 화를 낼 것입니다."

소점포 경영에도 〈육도·삼략(용도편)〉의 이 비법은 그대로 통한다. 주민들 삶의 눈높이를 맞추어 흥정을 받아주고, 비를 피해 뛰어가는 학생에게 우산을 빌려주거나 과도한 욕심과 폭리를 경계하면 입지를 견고하게 다질 수 있다. 또한 어려움에 처한 동네 이웃이 있다면 그와 함께 걱정해주고, 기쁨은 나서서 알린다면 억지로 자리를 차지하려고 하지 않아도 저절로 지역에 뿌리를 내릴 수 있을 것이다. 반면 자기 장사를 위해 점포 앞을 물건으로 점령하여 주민들의 통행에 지장을 주면서도 자신이 무슨 잘못을 저지르는지 모른다면 뿌리는 점점 가늘어지고 말 것이다.

타성에 빠진 월급쟁이는 자신이 하는 일의 수혜자가 누군지 모른다. 그저 주어진 일을 끝내기 위해 일하고 상사를 위해 일하기 때문이다. 그들에게 고객은 잘 보이지 않는다.

고객은 누구인가? 고객은 내 서비스의 수혜자다. 그러나 뭘 좀 아는 장사꾼은 그 일의 수혜자가 결국 자신이라는 것을 본능적으로 안다. 그들은 지금 내 앞에서 물건 값을 물어보는 아주머니 한 명이 내 고객임을 본능적으로 캐치한다. 왜냐하면 이 아주머니의 손에 내 물건을 들려주는 순간 수혜자는 다시 자신임을 알기 때문이다. 많은 소점포들이 자신의 점포를 알리기 위해 전단지를 돌리고 비용을 들여 이벤트도 계획하지만 효과는 눈에 띄지 않고 만족스럽지 않다. 고객의 효과를 바로 확인하고 싶다면 내 가게 앞을 지나다니는 주민에게 꼬박꼬박 인사를 해보아라. 인사만 잘해도 고객 창출 효과는 크다. 인사 잘하는 것이 진짜 홍보 진짜 마케팅이다.

자연도 사람도 독립적으로 존재할 수 없다. 들풀 한포기, 오래된 나무, 쉼 없이 흐르는 물줄기, 성공한 기업가, 연구실에 혼자 사는 개발자라도 세상에 혼자서 할 수 있는 것은 없다. 서로 얽히고설키며 삶은 살아지는 것이다. 그렇기 때문에 한쪽에서의 작은 움직임이 반대편에 이르러 변화를 이끌어낸다. 누군가의 작은 몸짓은 동심원처럼 전달되고 파급되며 반사되고 중첩된다. 상품이나 서비스, 사람의 관계도 마찬가지다. 직원과 주인, 직원과 손님, 손님과 그의 가족. 이 모든 것은 독립된 개체처럼 보이지만 사실 투명끈으로 연결되어 전달되고 파급되고 반사되고 중첩된다.

저 꼬마가 어느 아주머니의 아들인지 기억하라. 저 어르신이 동네 어디쯤 사는지 확인해 두어라. 보이지 않는 관계의 끈을 이해하기만 해도 새로운 고객이 만들어진다. 미궁에 빠진 당신의 점포를 탈출구로 인도하는 것은 바로 이 보이지 않는 끈이다. 바로 붙잡아라.

• 성공 창업을 위한 질문 •

① 거울을 보며 미소 짓는 연습, 인사하는 연습을 하고 있는가?

② 고객 한 명 한 명을 기억하기 위한 준비가 되어 있는가?

2,500만 원 소자본으로 동네에 뿌리 내리기

세계적인 마케팅 전략가로 인정받고 있는 알 리스는 "오늘날 미국에서 100만 달러의 비용을 들인 텔레비전 광고는 사람들의 눈에 들어오지도 못한다. 이 정도로 적은 분량의 광고로는 사람들이 의식조차 하지 못한다. 다른 광고에 파묻혀 눈에 띄지 못하는 불상사를 막기 위해 자금을 충분히 투입하지 않는다면, 광고에 투자한 전체 금액이 헛되이 낭비될 뿐"이라고 말한다. 이 말은 홍보비의 무용성에 대한 지적이다.

개념을 확대하여 인테리어 비용을 홍보비의 일부로 본다면 멋진 인테리어로 손님의 기억에 남겠다는 생각은 무모한 발상이다. 쟁쟁한 후발 경쟁자는 언제고 등장한다. 어떤 인테리어가 손님의 기억에 남을지 기준이 모호한 상황에서 쏟아 붓는 고액의 인테리어 비용은 낭비라고 말하고 싶다.

서울 수유 시장 앞에서 규동 가게를 운영하는 김 대표는 "돈 싫은 사람 어디 있겠습니까? 그저 소점포 자영업이란 동네 주민을 상대로 장사해야죠. 적은 돈으로 작게 시작하고 그것으로 자기 가족이 먹고 살 수 있으면 소점포 자영업자의 1차 목적은 달성하는 것이죠."라는 자기만의 장사 철학을 갖고 있다.

월 매출이 400만 원도 안 되는 점포들이 넘쳐나니 김 대표의 말이 이상하게 들리지만은 않는다. 2014년 창업한 김 대표의 창업비용은 2,500만 원이었다. 1,000만 원은 점포 임차 보증금으로 사용했고 나머지 1,200만 원으로 인테리어와 장비구입 및 초도 물품을 들여놓았다. 나머지 300만 원은 예비비였다.

그는 규동으로 창업을 하겠다고 마음먹었을 때 몇 가지 자기 기준이 있었다. 첫째 보증금은 1,000만 원이 넘으면 안 된다. 둘째 인근에 규동과 궁합이 맞는 몇 가지 생활밀착형 소규모 점포들이 있어야 한다. 셋째 온전하게 주거지역이어야 하고 그 동네에 녹아들 수 있어야 한다. 김 대표의 소점포 창업의 핵심은 내 규동으로 동네 주민들에게 다가서는 것이었다.

그의 창업 준비는 10여 년 전으로 거슬러간다. 그는 일본에서 10년여를 살면서 우연히 규동에 흠뻑 빠졌다. 유학 초기 이웃집에서 먹어본 규동 맛에 매료된 것이다. 그리고 그는 이것을 잘 배워두면 언젠가는 장사를 해도 괜찮겠다는 막연한 생각을 품었다. 잠재적 창업자의 생각이었다. 그는 요리사인 친구에게 일본의 서민들이 먹는 규동을 배웠다. 그렇게 배운 레시피는 시간이 흐르면서 자기만의 스타일로 변화되고 디테일해졌다. 그리고 그 모든 것은 레시피 노트에 꼼꼼히 기록되었다. 그렇게 10여년이 지났고 귀국해서는 자기 스타일로 변화된 규동 타레(졸임장) 레시피로 특허까지 받아두었다. 창업을 결정하기 전이지만 그는 한발 한발 창업에 다가섰다.

그는 일본과 대한민국 소상공인의 가장 큰 차이는 '소박함'이라고 말한다. 일본의 경우는 인테리어가 화려하지 않다. 웬만한 일본의 자영업자들은 인테리어는 자기 손으로 직접 해결하여 투자금을 최소화한단다. 직접 인테리어를 하니 투박하고 소박할 수밖에 없지만 동선이며 배치가 자기화되는 장점이 있다. 영업 전략에 있어서도 철저하게 자기 지역을 중심으로 동네 주민들과의 어우러짐을 목표로 하기 때문에 사명감이 다르고 자기철학도 지킬 수 있다고 말한다.

김 대표는 수유동 지역을 점찍어두고 세부적인 자기 기준에 맞는 점포를 찾아 6개월여를 쉬엄쉬엄 알아보았다. 그는 빨리 창업하겠다고 서두르지 않았다. 여름 내 발품을 판 덕에 100%는 아니지만 어느 정도 마음에 드는 점포를 구했다. 개업절차에 들어가자 그는 직접 목재를 사고 공구를 빌리더니 매일 조금씩 목공일을 하기 시작했다. 실내 인테리어 기간만 두 달 걸렸다. 물론 그는 인테리어 전문가가 아니기 때문에 돈을 주고 한 인테리어보다는 수준이 떨어졌다. 완성도 면에서도 부족하고 투박했다.

"내 가게 인테리어를 남의 손에 맡기는 것이 옳은지는 모르겠어요. 더구나 창업을 준비하다보면 거의 대부분의 사람들이 자금이 부족해서 은행이나 지인에게 차용을 하게 되는데 돈을 빌려서 창업을 하는 상황에서 비싼 돈을 들여 인테리어를 하는 것이 어딘가 모르게 격에 안 맞는 것 같아서요."

그는 소점포 창업은 서민다워야 한다고 주장한다. 자기 손으로 인테리어를 하다보면 구석구석 매장에 대한 애정이 생긴다. 건물의 장단점도 알게 된다. 입구와 홀, 주방 등 모든 부분을 자기 생각대로 표현할 수 있고 동선과 배치도 자기 생각대로 만들 수 있어 효율을 높이기에 최고다. 물론 전문가에게 맡기면 더 좋은 효율과 동선이 탄생할지 모른다. 그러나 그것은 겉으로 보이는 깔끔함일 뿐이다. 자신의 손이 닿으면 보이지 않는 것, 말하기 전에는 알 수 없는 부분, 즉 나에게 필요한 효율과 적절함을 얻을 수 있다.

소점포 창업자에게는 그에 맞는 철학이 있어야 한다

⋮

높은 보증금에 권리금까지 지출하고 인테리어에 과한 지출을 하고 나면 투자비용 때문에 빨리 돈을 벌어야 한다는 조급함이 생긴다. 그 부담감이 처음부터 자신의 생각대로 영업을 할 수 없도록 만든다. 한숨 돌리기도 전에 돌아오는 월세 부담에 마음은 더욱 편치 않다. 그런 사소한 것들이 얼굴에 그늘을 만들고 원가절감이라는 절박함이 저급한 재료에 눈길을 주도록 만든다. 김 대표는 주부들이 장을 보는 전통시장과 식료품 유통매장에서 똑같이 장을 보고 그것으로 규동을 만든다. 재료 선택에서도 여유가 있다. 월 고정비용 지출이 적으니 매출과 마진에서도 상대적으로 여유롭다. 그러다보니 '두당 얼마' 하고 손님을 객단가로 보지 않는다. 그저 내가 만든 규동이 좋아서 찾아준 동네 주민일 뿐이다.

소점포 예비창업자들도 장사로 돈도 벌고 유명해지고 싶다. 그렇다고 해서 분에 넘치게 화려한 대형 상권에 뛰어들어 처음부터 큰 경쟁자들의 표적이 될 필요는 없다. 이미 경쟁자들이 많은 대형 상권이라면 그것은 나쁜 선택이다. 화려함을 앞세운 가맹본부의 감언이설에 넘어가지 마라. 자신의 색깔을 찾고 소신으로 창업을 준비할 수 있을 만큼 균형감을 유지해야 한다. 그때까지 내공을 키울 수 있어야 한다. 서민 창업자들이 큰 경쟁에 뛰어들지 않아도 되는 소점포 자영업 시장의 환경이 만들어져야 한다. 하지만 그것은 자본으로 대답이 되는 경쟁 시장에서는 찾을 수 없다. 오직 자신의 장사 철학에 실마리가 있을 뿐이다.

소점포 창업으로 성공하고 싶다면 투자금을 낮추고 동네로 철저하게 귀환하라. 그리고 주민들 속으로 녹아들어라. 유동인구가 많은 큰 상권보다는 골목 상권을 접수하는 것이 상대적으로 쉬울 것이다. 충성고객은 동네에 더 많기 때문이다. 내 지역과 골목 상권을 지배하지 못하면 내 업종으로 유명해지거나 돈을 벌 가능성은 희박하다. 먼저 지역을 접수해야 한다. 스스로 핵심기술을 연마하고 좀 투박하더라도 인테리어도 직접하고 큰돈을 벌고 싶다는 생각보다는 작은 점포에서 동네 주민들의 삶에 어우러지는 사업계획을 세워라. '너무 작지 않아?'라는 생각이 들 만큼 작게 시작해도 모자람은 없다. 소점포 창업은 그런 것이다.

• 성공 창업을 위한 질문 •

① 창업 불안감을 돈으로 메우려고 하지 않는가? 줄일 수 있는 예산은 얼마나 되는가?

② 당신의 소점포 창업 철학은 무엇인가?

작게 시작하여 크게 키워라

자원도 상품도 국경을 무시하고 움직이는 시대다. 모든 힘이 자본에서 나온다. 자본은 지구촌의 토종(土種)들을 무력화하고 로컬(local)을 밀어내며 힘을 키웠다. 자본주의의 '정당한 경쟁'이라는 이름 아래 토종들은 막다른 곳으로 내몰렸다. 자본과 글로벌은 토종뿐 아니라 지역(로컬), 지역의 전통, 전통을 지키는 사람, 그들의 삶까지도 무너뜨린다.

일방적 힘겨루기에서 연전연패하던 그 무렵, 로컬의 반란이 시작된다. 글로벌이 몸집을 불릴 때마다 점점 색채를 잃어가던 로컬이 재무장을 마치고 무대 위에 올랐다.

소점포 자영업이 기대야 할 것은 로컬 생태계다. 글로벌은 로컬과 양립하는 데 한계를 지니고 있다. 이미 소점포 중에는 지역 주민의 삶에 깊이 파고든 곳이 많다. 그들의 생존 확률은 로컬 생태계에서 필수불가

결한 일원이 되느냐에 달렸다.

소점포는 평범한 일상적 풍경을 구성하는 '흔한 업종'이기 때문에 점포는 주인장과 동네 주민이 어우러질 공간으로 만들어져야 한다. 이를 위해 주인장은 자기만의 핵심기술로 운영해야 하고 부부 또는 가족의 힘을 보태면 금상첨화다. 적은 투자금으로 창업하고, 엄청난 수익은 아니더라도 그것으로 먹고 살며 내 삶의 터전을 지켜갈 수 있으면 이상적이다.

임신한 여성에게 의사들이 종종 들려주는 이야기처럼 아이는 작게 낳아 크게 키워야 한다. 창업도 마찬가지다. 작게 시작하라. 시작은 부담이 없어야 하며, 남은 돈이 있다면 예비비로 가지고 있는 게 백 번 낫다. 지금이 아니더라도 돈 쓸 때는 자주 찾아온다.

그러나 로컬에서 작게 시작하여 마을 속으로 스며드는 게 장기적 생존율을 높이는 방법이라고 하더라도 여기에는 늘 장수를 방해하는 요인들이 따라 다닌다.

"프랜차이즈요? 그거 할 수 있으면 좋지요. 근데 돈이 있나요? 인테리어비 내고 가맹비 내고 하려면 최소한 1억 이상은 들잖아요?"

예비창업자들이 프랜차이즈에 대하여 갖고 있는 일반적인 생각 가운데 하나다. 이 말은 돈이 좀 있으면 프랜차이즈 창업을 해보고 싶다는 말로 들린다. 그렇다, 오래가기 힘든 이유 가운데 하나에는, 초기에 과도하게 쏟아 부은 창업투자금이 존재한다.

투자금 회수율 20% 미만의 도박

⋮

소점포 자영업 현장에서 만나는 위험한 현상 중 하나는 예비창업자들의 창업 투자금이 과도하다는 점이다. 비싼 임대료, 높은 인건비, 무리한 인테리어 욕심은 비용을 상승시킨다. 사회적으로 골칫거리인 주차문제도 비용 상승의 원인이 된다. 주차공간을 하나라도 더 확보하려면 그게 다 돈이다.

우리 모두는 과도한 선투자의 위험을 알고 있다. 그럼에도 불구하고 예비창업자들의 로망은 치열한 영업 경쟁을 하더라도 보다 좋은 상권에서 넓은 주차공간을 확보하고 럭셔리한 인테리어 속에서 장사를 시작하는 것이다.

창업 전 성공과 실패의 외줄타기에서 예비창업자는 불안하다. 안타깝게도 그들은 이 불안을 덜기 위한 방편으로 돈을 쓰려고 한다. 더 좋은 자리, 더 좋은 점포, 높은 권리금이 주는 검증된 시장성, 럭셔리한 인테리어 등이 성공 경영의 필수 조건이며 경쟁 우위에 절대적이라 믿는다. 일견 그렇다. 창업에서 좋은 조건이란 결국 돈과 직결된다고 생각할 수 있다. 이 생각이 옳다면 투자금이 많을수록 성공의 확률도 높아야 한다. 하지만 창업자의 시종을 옆에서 지켜본 내 입장에서 보면 그것이 오히려 실패의 첫 단추가 된다. 아마도 받아들이기 힘들겠지만 이는 통계적, 경험적 사실이다. 소점포 자영업자의 80% 이상이 초기 시설 투자금을 회수하지 못한 채 가게를 운영하거나 끝내 문을 닫는다.

인테리어 비용을 만회한 사람을 본 적이 없다

⋮

예비창업자들이 제출하는 사업계획서를 보면 평균적으로 창업 후 6개월 정도로 '정착기'를 잡는다. 보통의 경우 점포 계약은 2년이다. 그들의 계획대로라면 더 이상 추가 자금이 들지 않는 안정적인 영업 기간은 18개월 정도다. 만약 인테리어를 업체에 맡겨 2천만 원 정도 들였다고 하자. 그가 1차 계약기간인 2년 안에 투자원금을 찾으려면 그 장사로 먹고 살면서, 18개월 동안 따로 2천만 원을 모을 수 있어야 한다. 그랬을 때 2년이 되면 그냥 본전 장사한 것이다.

물론 창업자가 정리하고 나갈 때 인테리어 비용을 다음 인수자에게 시설권리금으로 되찾을 확신이 있으면 상관은 없겠다. 그러나 인테리어 비용은 매몰비용이다. 이미 내 통장에서 사라진 돈이란 뜻이다. 일단은 들어가면 포기해야 한다. 되찾을 가능성은 아무도 알 수 없다. 더 솔직히 말하면 인테리어 비용은 권리금도 아니고 적금도 아니다. 장사를 하면서 100% 회수한 사람을 나는 단 한 명도 보지 못했다. 그들의 대부분이 상담기에는 권리금을 받아 인테리어 비용을 충당하면 된다고 자신하던 사람들이었다.

장사를 2년만 하고 끝내려는 사람이 있느냐고 묻고 싶을지 모른다. 좋다. 재계약으로 2년 더 연장했다면 이 비용을 되찾을 시간적 여유가 24개월 는다. 장사는 이전보다 더 안정적일 것이다. 그러나 임대인의 상당수는 재계약 시 월세도 같이 올린다. 월세가 올랐다고 그만큼 매출 수익도 같이 올라갔을까? 장사를 단명시키는 원인 가운데 하나가 자꾸만 올라가는 월세임을 우리는 너무 잘 알고 있다.

회수 가능성이 거의 없는 인테리어에 돈을 쏟아 붓는 것은 첫 단추부터 잘못 끼우고 들어가는 일이다. 적게 벌더라도 투자금을 낮춰 작게 시작하면 리스크는 그만큼 낮아진다. 적게 벌어도 된다. 물론 인테리어 비용을 적게 들였다면 상대적으로 신경을 써야 할 일은 많아진다. '부족한 럭셔리'만큼 육체적인 수고와 힘 혹은 아이디어로 보충해야 한다. 어쩌면 소점포 창업이란 돈과 수고 중 무엇을 투입할지 결정해야 하는 지난한 갈등의 결과물일지도 모른다. 그럼에도 불구하고 당신의 계획에는 없는 '만의 하나'를 가정하고 접근하기를 권한다. 성공하리라는 자신감은 좋으나 실패의 가능성을 제로로 두고 출발하는 것만큼 냉정하지 못한 판단도 없다.

한 발 더 나가보자. 오래하면 문제가 해결될까? 한 자리에서 4년을 장사하고 다시 재계약하면 연수로 5년차에 든다. 이때가 되면 처음 창업할 때 설비했던 시설들이 낡기 시작해서 예상치 않던 비용이 발생한다. 재계약 두 번 했다고 매출이 올랐을까? 아마도 특별한 이슈가 아니라면 매출은 변동이 없을 것이다. 시설 투자금만이라도 건지려면 오래하는 게 옳아 보이지만 시간이 흐를수록 돈 들어갈 일이 생긴다.

그래서 결론은 무엇이냐고? 초기의 부담스런 투자가 소점포의 단명을 재촉한다는 점을 인지한다면 부디 작게 시작하라는 말이다.

• 성공 창업을 위한 질문 •

① 회수할 수 없는 비용을 명확히 인식하고 있는가?

② 예비비는 어느 정도 갖고 있는가?

멀리뛰기 전 도움닫기

"사람들이 '자신에게 맞는 직업'을 찾으려고 애쓰는 이유는 하나다. 그러면 행복한 삶을 살 수 있다고 믿기 때문이다. 행복한 삶을 살고 싶다는 것이 잘못된 목표라고 이의를 제기할 사람은 아무도 없다. 하지만 행복을 가져다줄 최상의 직업이 단 하나뿐이라는 가정에는 물음표를 달 필요가 있다."

미국 상담심리학의 권위자인 존 크럼볼츠 교수의 이야기다.

하나의 기술을 연마하기에 가장 좋은 방법 중 하나는 취미를 갖는 것이다. 자신이 어떤 취미를 선택했다면 내면에 그것과 어울리는 기질이 내재되어 있다는 뜻이다. 무엇보다도 선택된 취미는 즐길 수 있고 오래 배울 수 있다. 잘 배워 즐거우면 삶은 더 풍요로워진다. 어쩌다 그 취미가 타인에게 인정받아 "와 괜찮은데, 이거 돈 받고 팔아도 되겠어."라는 칭찬을 받으면 그때쯤 살짝 하나의 마음 길을 열어보아도 좋을 것이다. 그러나 이 말은 아직 창업을 염두에 두라는 말은 아니다. 주변의 이런 칭찬은 말뿐이기 때문이다. 내공을 충분히 검증할 시간 없이 서두르게 되면 즐거운 취미가 피곤한 일거리로 전락할 수 있다. 취미가 기술이 되어 즐기는 궤도에 오르기까지 취미는 온전히 취미여야 한다.

배우는 과정에서 즐기는 과정까지의 시간은 길어도 좋다. 왜냐하면 그 시간은 달리 보면 미래에 있을지 모르는 막연한 창업 준비에 대한 검증의 시간이 되기 때문이다. 나아가 취미 생활을 통해 알게 된 사람들은 창업 시 멘토가 되거나 잠재적 고객이 되기도 한다. 더불어 영향력을 가진 사람도 자연스레 알게 되며 그 바닥의 룰도 알게 되니 일석삼조, 그 이상이 아닌가. 그렇게 시간이 흐르다보면 어느 순간 세상이 내 취미를 불러주는 때가 온다. 말뿐이 아닌 실제의 값이 매겨지는 때 말이다. 그때는 누구도 예측할 수 없지만 내 기술이 그 바닥에서 통하기 시작한다는 증거로 보아도 좋다. 그때가 되면 비로소 마음 한 구석에 잠재적으로 창업이라는 것을 염두에 두어 봄직하다.

우리를 행복으로 이끄는 건 직업이나 업종이 아니라 나의 기질이다

⋮

존 크럼볼츠 교수의 이야기를 증명해줄 하나의 사례가 있다.

〈엘 에스프레소〉는 커피의 도시 시애틀에 있는 작은 커피집이다. 이곳을 운영하는 잭과 다이앤 부부는 비행기 승무원 생활을 하면서 만났다. 다이앤은 14년의 승무원 생활 중 한 번의 지각도 없었을 만큼 자신의 일에 성실했고 만족감도 느끼며 살았다. 부부가 엘 에스프레소를 창업하게 된 것은 콘티넨탈 에어라인이 시애틀 공항에서 철수하게 되면서부터다. 회사를 따라 다른 도시로 이사를 해야 하나 아니면 다른 일을 준비해야 할까 그들은 고민에 빠졌다. 그들은 일을 즐겼던 만큼 시애틀이라는 도시도 사랑했다.

"우리는 승무원 생활에 만족해. 그런데 그 중 어떤 부분을 좋아했던 걸까?"

곰곰이 생각해보니 자신들은 비행보다는 비행기 안에서 일어나는 일상에 더 즐거워했음을 알게 되었다. 승객의 여행을 돕고, 누군지 모르고 무슨 일로 어디로 가는지 모르지만 비행기 안에서 만나는 새로운 사람들과의 관계, 그들과 어우러지며 일어나는 과정 속에서 일에 대한 매력을 느끼고 있었음을 깨달았다. 또한 여행객들에게 제공할 커피를 만들면서 콧노래를 부르던 자신의 모습도 떠올리게 되었다. "내가 유일하게 콧노래를 부르던 건 커피를 만들면서였어." 지난 14년 동안 비행기 안에서 커피를 내리던 시간들이 자신에게는 기쁨이었음을 깨달았다.

잭과 다이앤은 맛있는 한 잔의 커피가 하루를 즐겁게 만들고 활기를 느끼게 한다는 것을 알고 있었다. 게다가 여행을 위해 들뜬 마음으로 비행기에 탄 여행객들에게 제공하는 커피는 그 이상의 것으로 다가온다는 것도 알고 있었다. 그들은 더 이상 고민하지 않았다. 시애틀에 남기로 결심했다. 엘 에스프레소는 그렇게 시작되었고, 훗날 대형 프랜차이즈 커피전문점들이 즐비한 곳에서 꼬마 커피집도 충분히 유명해질 수 있음을 보여주었다.

21년이 지난 후 잭과 다이앤은 "우리는 커피와 쿠키를 팔았다기보다 지역의 주민들에게 하루의 좋은 기운과 자신들이 제공할 수 있는 즐거운 서비스로 지역 주민들과 호흡한 것이었다."라고 고백한다.

레슬리 여키스와 찰스 데커가 공저한 〈작은 커피집〉의 이야기이다. 잭과 다이앤은 좋아하던 일을 통해서 자연스럽게 창업으로 이어졌다. 현직을 통해서 미래의 창업이 준비된 셈이다. 때가 되면서 그들은 자신들이 즐거워했던 기억을 떠올려 그 길로 갔다. 잠재적 창업자가 현직 또는 취미에서 찾고자 하는 것은 결국 '자기언어'다. 내 속에 어떠한 언어들, 즉 어떤 기질이 숨어 있는지 알고 싶어 한다. 잭과 다이앤의 내면을 채우고 있는 언어는 '사람들과의 어우러짐'이었다. 커피는 매개일 뿐이다. 그래서 그들은 그토록 사랑하던 비행기를 떠날 수 있었고, 또한 커피를 '판다'는 개념보다는 '서비스한다'는 느낌으로 엘 에스프레소를 운영했다.

취미에는 자신도 잘 모르는 자신과 통하는 기질이 녹아 있다. 그러니 마음이 끌리는 것이다. 취미는 하면 할수록 계속적인 흥미를 느끼게 되고 그것이 긴 시간동안 나를 그리로 이끌고 들어간다. 기술이 숙성될수록 레벨이 올라가고 그것이 쌓이면 누구보다 정통하게 될 것이다. 중요한 포인트는 내 기질과 통해야 한다. 기질을 확인하는 방법 중 하나는 어릴 때부터 마음에 두고 하고 싶었던 일인지 가리는 것이다. 그러고 나면 먼저 3년을 배워라. 때가 되면 그 바닥에서 통하는 이야기가 들릴 것이다. 그 이야기들을 빈 공책에 틈틈이 적어 두어라. 그것이 훗날 사업계획서가 된다. 그렇게 5년을 채우면 그 분야에서 통하는 법칙을 알게 되고 무언가 할 말도 생길 것이다. 그때 그것으로 세상과 소통을 시작하면 그 바닥에서 정통해질 수 있다.

• 성공 창업을 위한 질문 •

① 업종을 선택하기 전에 나의 기질을 찾아보자.

② 내 기질에 맞는 업종에는 어떤 게 있는가?

세상이 좋다는 아이템이 아니라 내게 끌림이 있는 아이템이어야

〈일상의 도구점〉을 경영하는 최성우 작가는 과거 직장인이었다. 그는 외국계 자동차 부품회사에서 11년 정도 법인영업 업무를 담당했다. 본사가 해외에 있어 1년 중 국내에 체류하는 시간은 많지 않았다. 업무상 다양한 나라에서 만나는 새로운 사람들과 그들의 일상을 경험하는 일이 그에게는 늘 새롭게 여겨졌다. 그때까지만 해도 공대를 나온 그는 예술은 자신과는 거리가 먼 영역이라 생각하며 살아왔다. 디자인도 공예도.

어느 날 홀로 떠났던 프랑스 여행에서 카지미르 말레비치의 〈흰 바탕에 검은 사각형〉을 만난 순간 그의 삶은 180도 달라졌다. 그 날 검은 사각형의 세계로 빨려 들어간 그는 그때까지 한 번도 만나지 못한 또 다른 자신을 경험하였다. 그림에서 감동이라니. 그는 그 후로 표현할 수 없는 생각들에 이끌리다 그림과 디자인을 배우게 되었다. 나무가 눈에 들어오고 그 속에 숨은 형상들을 상상하기 시작했다.

굳이 말하자면 사로잡힘이랄까. 직장을 다니면서도 알 수 없는 힘이 그를 몰아쳐 새벽마다 나무를 깎고 그림을 그리게 하였다. 직장 동료들이 영어 학원을 가는 새벽 시간에 그는 두 시간씩 나무를 깎았고 종종 쌓인 톱밥을 보면서 출근 준비를 서둘렀다. 그렇게 사각사각 디자인이 시작되었고 고물고물 나무를 깎는 시간들이 쌓여 갔다. 8년의 시간동안 취미가 실력으로 자라나고 있었다. 그가 만든 나무 소품들을 본 지인들이 하나둘씩 부탁을 하기 시작했고, 그에 따른 대략의 값이 치러졌다. 그 사이 어느 정도 자신만의 고객(시장)이 형성되었다. 때가 되었음을 느꼈다. 그러면서도 현실의 나는 내면의 나에게 다시 한 번 묻는다. '이것으로 먹고 살 수 있을까?'

부인에게서 창업의 동의를 얻었으니 천군만마를 얻은 것이나 다름없었다. 그는 그렇게 창업을 했다. 취미로 하던 것이니 창업에 맞춰 별도의 도구들을 더 준비하지 않아도 되었다. 집의 일부를 개조해 사용하던 작업 공간도 그대로 쓰면 된다. 돈을 들여 넓은 공간을 빌리면 남 보기에는 좋을지 모르지만 그는 몸집을 작게 유지하고 싶었다. 초기의 안정정착을 생각하면 약간의 불편함은 견딜 수 있었다. 모든 것이 어제의 모습을 오늘 그대로 이어가면 되었다. 달라진 것이라면 사업자등록번호가 생겼다는 것 정도랄까.

취미가 밥이 된 시간 3년. 나무로 만든 일상의 소품들, 그의 작품들은 일상에 숨결을 불어넣는다. 그가 만든 나무펜은 기업의 대표들이 신뢰가 필요한 결재를 할 때 꺼내든다. SBS 다큐멘터리 〈밥상의 품격

〉에 소개되기도 했던 그의 수저 세트는 전문 한식당에서 음식의 격을 높인다. 반상이 그렇고 화병도 그렇다. 일상의 도구들이 아주 가끔 전시회에 출품되기도 한다. 소품과 도구가 이제 작품의 경지다. 그의 명함에는 말레비치의 검은 사각형을 형상화한 이미지가 그려져 있고 거기에는 〈일상의 도구점〉이라고 각인되어 있다. '매일이 만드는 아름다움'이 그의 작업 언어다. 취미가 기술이 되고 세상이 알아주기까지 시간은 허술하지 않았고 창업 과정도 수월하지 않았다. 하지만 삶의 전환을 위한 무수한 관문을 거치고 나니 나름 자연스러움도 있었음을 알게 되었다. 취미가 자라 밥이 된 것이다.

33법칙, 3년을 준비하지 않으면 3년 안에 망한다

창업 상담을 하다 보면 상담 중에도 업종이 바뀌는 예비창업자들을 심심치 않게 만난다. 그럴 때면 나는 현실적으로 그들이 실천하기 어렵다는 것을 알면서도 두 가지를 먼저 이야기한다.

"창업은 당장 할 일이 마땅치 않다고, 언젠가 한 번쯤은 해야 할 운명이라고 해서 시작하는 것이 아닙니다. 만약 창업을 하고 싶다면, 첫째 현재 하고 있는 일과 관련된 분야로 현직에서 3년은 준비해야 합니다. 둘째 창업을 언젠가는 하고 싶지만 마땅히 뭘 할지는 모르겠고 그러면서도 미리 창업 준비는 잘 해보고 싶다면, 지금부터라도 취미를 가져보세요. 이때 잘하는 것보다는 어릴 때부터 꼭 해보고 싶었던 것을 취미로 시작해 보세요."

왜냐하면 기질에 맞아 기술이 쌓이면 취미도 돈이 되기 때문이다. 두 가지에 담긴 의미는 잘 익은 진흙구이처럼 창업은 서두르지 말고 충분히 불에 쬐는 과정이 필요하다는 뜻이다. 이 조언이 새롭게 들리는가? 그렇지 않을 것이다. 그럼에도 불구하고 내가 빤한 스토리를 강조하는 이유는 창업 결정을 하고 나면 시야가 좁아지고 판단력도 약해지기 때문이다. 그 심리가 서둘러 점포를 계약하고 프랜차이즈 창업인 경우 본사와 가맹계약부터 맺게 하는 원인이 된다.

대부분 창업자들은 당장 급해서 창업한다. 만약 창업 후 3년 안에 문을 닫게 된다면 당신은 지금 그 창업을 하고 싶은가? 이 질문을 하면 대부분이 자신은 거기에 해당되지 않을 것이라고 말한다. 그러나 언론에서 되풀이되는 뉴스를 보면 자영업자 열에 여덟이 여기에 해당된다. 그럼 나머지 20%에 들려면 어떻게 해야 할까? 그들은 누구일까? 그들이 바로 내가 이야기한 두 가지를 충분히 준비한 사람들이다. 이제 냉정히 판단해야 한다. 서둘러 창업을 하는 것이 어떤 것인지를. 그래도 당장 창업을 해야겠다면 다시 묻고 싶다. 당신은 장사를 하고 싶은 것인지 아니면 가게를 소유하고 싶은 것인지 스스로 한 번 더 생각해 보아야 한다.

• 성공 창업을 위한 질문 •

① 취미가 기술이 되고 그게 창업으로 이어지고 있는가?

② 기술 습득을 위해 3년의 시간을 생산적으로 활용했는가?

19년 장수의 비결은,
15년 창업 준비

어느새 하 사장과의 인연도 22년이 되었다. 전기 기술자였던 그의 첫 직장은 대기업 중공업체 연구소였다. 연구소는 독립되어 있었고 넓은 공간에 몇 안 되는 동료들이 같이 근무했다. 업무 특성상 그는 독립된 사무실을 사용하고 있었고 동료들과 만나려면 문 하나를 열고 나와야 했다. 그것이 그를 심심하고 외롭게 했다. 그 외로움을 이기기 위해서 그는 먼저 문을 열고 나와야 했고 먼저 동료들에게 다가서야 했다. 그래서 그는 점심시간이든 티타임이든 가능하면 틈을 내 동료들과 이야기를 하고 어울리기 위해 타 사무실을 찾아 다녔다. 그것은 내성적인 그가 살기 위해 선택한 생존전술이었다.

취미는 팍팍한 일상에 윤활유와 같은 역할을 한다. 등산을 좋아하는 사람은 주중에도 호흡을 가다듬으며 주말을 기다리고 야구 동호인은 주말 시합을 위해 스윙 자세를 점검하며 홈런을 꿈꾼다. 그 설렘의 시간은 그들의 일상을 흐뭇하게 한다. 우리는 취미를 통해 경쟁적인 삶에 숨통을 터준다.

그는 어릴 때부터 자동차에 관심이 많았다. 자동차에 대한 호기심은 직장을 다니면서도 차를 공부하게 하였고 이해의 폭을 넓혀주었다. 그 중에서도 새롭게 출시된 자동차에 숨은 신기술을 찾아보는 시간은 그가 일상의 여백을 채우기에 충분했다. 박봉의 월급으로 좋은 자동차를 구입할 수는 없었지만 차종별 특징과 기술을 들여다보고 이해하는 것만으로도 그는 즐거웠다. 특히 전기 계통에 어떤 신기술이 숨었는지 찾는 일은 특별한 즐거움이었다. 그는 동료 사무실에 찾아가면 자연스레 자동차 이야기를 나누게 되었고, 직장 동료들도 그가 들려주는 자동차 이야기에 귀를 기울였다. 시간이 지나면서 그는 회사 내에서 '차 박사'로 통하기 시작했다.

차를 구입하려는 직원들이 그를 찾아왔고, 연말이면 판매 실적으로 배당되는 차를 팔기 위해 직원들은 그에게 사내 전화로 문의하기 시작했다. 그때마다 그는 아는 만큼 성실하게 설명했고 동료에게 자신이 알고 있는 것으로 도움을 줄 수 있어 좋았다. 영업사원을 통해 들을 수 있는 내용보다 더 많은 정보와 더 솔직한 비교를 들을 수 있었던 그의 동료들은 특별한 혜택을 누린 셈이다. 좋아하는 일이 기술로 무르익어 가고 있었다.

그렇게 연구소에서 10년의 시간이 지나갔다. 오랜 시간이 지났어도 직장의 환경은 변한 것이 없어 고립된 사무실에서 느끼는 근본적인 외로움은 여전했다. 오히려 연구소의 경력이 쌓여갈수록 그에게 부여되는 업무의 양과 강도는 점점 무거워졌다.

"시간이 지날수록 일이 힘들다고 느껴졌어요. 당시 내가 직장 생활을 견딜 수 있었던 것은 업무에서의 성취감보다 자동차에 대한 관심과, 동료들이 나의 자동차 이야기를 재미있게 들어 주었던 것입니다."

직장 생활에 마음이 흔들리고 있었다. 다른 동료들처럼 그도 과감하게 퇴직을 하고 장사를 하고 싶었다. 그러나 모아둔 돈은 없었고 퇴직금은 김밥집 하나를 차리기에도 턱없이 모자랐다. 먹고 살기 위해서라도 그는 직장생활을 계속해야 했다. 그렇게 흔들리며 5년의 시간이 더 흘렀다. 어느 날 동료와 저녁을 먹으며 고민을 이야기하던 중 그에게서 자동차 판매 영업은 어떻겠느냐는 조언을 들었다. 영업직에 대해서는 생각해본 적이 없는 그였다. 자동차가 좋아서 보는 것과 그것을 생업으로 선택하는 일은 다른 차원이라는 생각이 앞섰다.

"제일 두려웠던 것은 영업은 맨땅에 헤딩을 해야 한다는 선입견이었죠. 그런데 곰곰이 생각해보니 맨땅이라는 것이 내가 동료들에게 다가갔던 것도 결국 맨땅이었다는 생각이 들더라고요. 불면이 있었어요. 아이들은 커가고 그냥 직장에 남는다고 언제까지 다닐 수 있을까도 불투명했죠. 오랜 시간 불면에 시달리며 고민을 해보니, 원하는 창업을 할 수 없는 상황에서 어찌 보면 자동차 판매 영업직은 지금 내게 가장 적합할 수도 있겠다는 생각이 들더군요. 그것도 하나의 사업이기도 하니까요. 김밥을 마는 일보다 오히려 자동차를 설명하는 것이 더 익숙할 것이란 생각도 들었죠. 차를 보는 눈이나 구조를 설명하는 일이 제게는 그리 어려운 기술이 아니었죠. 연구소에 있으면서 어떤 때는 사내에서 웬만한 영업사원보다 많은 차를 팔아보기도 했고 잘만 하면 지금보다 더 많은 연봉도 가능하겠다는 생각이 점점 커졌습니다."

고민 끝에 그는 자동차 판매 영업소를 경영하고 있는 친척을 찾아 갔다. 직장 생활 15년을 채우고 그는 퇴직하였다. 좋아하던 일이 업이 되었다. 영업을 시작한 초기에 옛 직장동료들은 그의 판매 자원이자 목표 고객군이었다. 한때 그의 자동차 이야기를 들었고, 구입과 판매 도움을 받았던 직원들이 그를 잊지 않았다. 성실하게 더 많은 사람들을 찾아다녔고 자동차 구조에 대해 더 많은 공부를 시작했다. 외로움을 이기기 위해 동료 사무실 문을 열었던 경험이 새로운 고객을 만나는 두려움을 희석시켜 주었다. 판매 자원은 꾸준하게 늘어갔다. 고객들이 그의 진심과 성실함을 읽어 주었다. 기술이 돈이 되는 순간들이 찾아왔다.

그는 내년이면 자동차 판매 영업을 시작한 지 19년차가 된다. 자동차 영업을 하며 그는 경제적으로 나아졌고 지역사회에서도 의미 있는 활동을 하며 지내고 있다.

"취미로 관심을 갖던 자동차가 직업이 되고 밥이 될 줄은 생각도 못했습니다."

부디 창업 시기를 조금만 더 늦춰라

⋮

인생은 자영업이다. 자기 스스로를 고용하고 자기 기술로 먹고 살아야 한다. 직장인들 중 많은 수가 퇴직을 하면 하나의 공식처럼 창업 시장에 뛰어들려고 한다. 우리 사회에 퇴직 후에 대한 뚜렷한 대안이 없기도 하지만 소점포 창업자의 60% 이상이 창업 준비 기간이 6개월 미만이라는 통계는 아찔하기만 하다. 정확하게 말하면 이것은 '창업준비'의 시간이 아니라 '개업절차'의 시간이다. 특별한 기술도 없이 뭘 할까 업종을 선택하고 점포를 구하고 시설을 하다보면 6개월 정도는 쉽게 지나간다. 충분하지 못한 상태에서 창업 시장에 뛰어드는 것이다. 달리 보면 하 사장의 창업 준비는 15년이 걸린 셈이다. 생각지도 않았던 자동차 판매 영업이 그의 두 번째 직업이 되었지만 그에게 자동차는 오랜 시간 흥미를 느끼는 관심사였고 좋아서 즐기다보니 그것이 쌓여 통하는 기술이 되었다. 또한 동료들에게 부담 없이 들려주던 이야기들은 자신도 모르는 사이 탄탄한 영업력이 된 것이다.

좋아하는 것에는 기질적으로 통하는 것이 있다. 그것이 오랜 시간을 즐기게 한다. 취미는 어떤가? 돈이 되지 않아도 누가 시키지 않아도 스스로 찾아서 한다. 오히려 돈을 내가며 하는 것이 취미다. 관심 있는 일이 있다면 선불리 업(業)으로 만들지 마라. 그 전에 취미로 꾸준하게 배우고 즐기면서 씹어봐라. 그렇게 시간이 흐르면 어느 순간 그 바닥에 있는 사람들이 알아주기 시작할 것이다. 그때가 자신이 선택할 수 있는 상황들이 만들어지는 때임을 기억하자.

• 성공 창업을 위한 질문 •

① 준비 기간이 6개월 미만이라면 창업 시기를 더 늦출 수 있는가?

② 성공준비와 창업준비를 따로 떨어뜨려서 준비시간을 산정했는가?

프랜차이즈 창업, 이것만큼은 주의하라

2014년 가을 임 사장은 불닭 전문점으로 청년 창업주가 되었다. 군 제대 후 남은 학기를 마치고 졸업장은 받았으나 번번이 취업에 실패하게 된 것이 창업의 동기이다. 이를 보다 못한 부친의 도움으로 종로구 관철동 상권에 생애 첫 창업을 시작했다. 권리금 2억 원, 시설비 1억 원, 불닭 프랜차이즈 가맹비 2천만 원, 총 3억2천만 원의 투자금이 소요되었다. 주변의 축하는 잠깐이었다. 불행이 엄습했다. 창업 의지가 높아 계약 전에 가볍게 여기던 일들이 영업을 시작하면서 차가운 현실로 다가왔다.

업력이 짧았던 가맹본부는 가맹점이 많지 않았던 터라 임 사장에게 가맹 계약을 하면 안테나숍이 될 수 있는 특별 옵션을 강조하며 제안했다. 경영학을 전공한 젊은 임 사장 역시 자신감이 있었기에 이를 기회로 생각했다. 개업 초기 일매출은 150만 원 정도로 괜찮았다. 이 지역 상권에서 불닭의 검증이 끝나자 업력과 자금력을 앞세우고 탄탄한

프랜차이즈 가맹 본부들이 앞 다투어 불닭을 런칭하며 경쟁점포들이 들어서기 시작했다. 개업 수개월 만에 경쟁점포가 코앞에 3개, 인근으로 확대하면 세어 보기도 싫을 만큼 우후죽순 들어서면서 일매출은 10만 원대로 추락했다. 월세 400만 원에 직원 4명을 유지하기엔 불가능한 상황이었으나 자존심 또한 포기를 허락하지 않았다.

대한민국의 프랜차이즈 시장은 카피와 속도 면에서 둘째가라면 서러운 나라다. 비좁은 땅에 바글거리면서 살다보니 경쟁을 피할 수 없다. 신흥 강자가 끊이지 않는 이유다. 이것은 시작에 불과했다. 예정된 수순처럼 가맹본부가 하루아침에 연락을 끊었고, 얼마 뒤 부도를 내고 종적을 감췄다. 장사하랴, 사람 찾으랴 바쁜 가운데 물류 공급에 차질이 생기면서 직접 시장까지 다녀야 했다. 고된 나날이 수개월 계속되었다. 보증금을 까먹어가며 개업 1년이 다가오던 어느 날 또 한 번 일이 터졌다.

금수저 건물주가 1년 만기를 기준으로 월세를 올려달라고 요구해왔다. 월세를 제때 받지 못하자 더 나은 임차인으로 바꿀 심산이었다. 취업난으로 떠밀리듯 청년창업을 선택한 임 사장에게 꽤나 비싼 수업료였다.

이 사례는 보기 싫고 상상하기 싫은 프랜차이즈 창업의 흔해빠진 현실 가운데 하나다. 도대체 프랜차이즈가 뭐기에 이런 일들이 벌어질까?

프랜차이즈는 장점이 분명히 있다

⋮

프랜차이즈 시스템은 잘만 운영하면 본부와 가맹점 모두에게 이로운 경영 시스템이다. 통일된 상호를 사용하니 브랜드화가 가능하고 규격화에 쉽고 홍보에도 유리하다. 전문가의 컨설팅을 받을 수 있을 뿐 아니라 검증된 영업 노하우를 차용할 수 있어 초기 빠른 정착과 초보 장사꾼에게 도움이 된다. 본부 입장에서도 규모의 경제가 가능하여 물류비용을 절감할 수 있고 그것은 가맹점에 이익이 되기도 한다. 단, 시스템이 좋게 작동될 때 그렇다.

그러나 단점도 뚜렷하다

⋮

한편 건강하지 못한 가맹본부를 만나게 되면 과도한 로열티, 가맹비, 공사비가 발목을 잡기도 한다. 개별 점포의 자율성이 제한되어 점주의 개성을 드러내기 어려울 뿐 아니라 본부와의 경영 마찰로 법적 다툼을 겪기도 한다. 지속적인 비용발생으로 금융 지출이 빈번하고 부도덕한 본부나 재정적으로 부실한 본부를 만나면 사기 피해를 당하기도 한다.

대표적인 피해 유형

- 본사의 고의 부도
- 계약금 챙기기
- 재정 및 전문성이 결여된 부실한 본사
- 과도한 비용 요구
- 재고품 떠넘기기
- 홍보력 및 마인드 부족 등

다행히도 이런 사례가 발생하면 도움을 주는 단체가 있다. 소비자 보호원, 공정거래 위원회, 소상공인지원센터 프랜차이즈 고충상담소, 프랜차이즈 시민연대, YMCA 등이 활동 중이다. 그러나 법적 강제성이 낮아 가맹점주의 2차적인 심리적 고충이 발생하기도 한다. 그러니 프랜차이즈 창업을 선택할 때는 이 모든 문제를 책임 질 각오가 없으면 안 된다.

조급증은 좋은 먹잇감이다

⋮

"고객님~ 많이 당황하셨어요?" 한때 유행했던 보이스피싱을 패러디한 인기 개그 프로그램의 유행어다. 아는 바와 같이 보이스피싱은 목소리만으로 상대를 당황하게 만든 후 유인하여 금전적 피해를 주는 사기 수법이다. 갑자기 닥친 상황에 '고객님'이 많이 당황하게 되면 상대가 말하는 이야기의 사실 여부를 확인하기도 전에 그의 수렁에 빠져 시키는 대로 하다 피해를 입게 된다.

당황하여 허둥대는 고객님과 예비창업자들의 조급함은 다르지 않다. 예비창업자들은 가맹 본사 직원의 말만 듣고 가맹 본사의 민낯을 보기도 전에 도장을 찍는다. 많은 예비창업자들이 창업을 결정하고 나면 하루라도 빨리 개업하고 싶은 마음에 서두르게 된다. 그 조급함이 준비를 소홀하게 만드는 주요인이다. 프랜차이즈 창업의 경우는 더욱 그렇다. 심지어 일부 프랜차이즈 본사 중에는 가맹점주의 성공창업을 돕기보다 가맹계약의 실적에 급급하여 고객님의 조급함을 악용하기도 한다.

2017년 상반기 공정거래위원회 등록 프랜차이즈 가맹사업자는 대략 5,500개다. 등록 숫자만큼 우리가 예상하기 힘든 다양한 얼굴의 가맹사업자들이 존재한다. 그중에는 계약을 성사시키기 위해 자신들의 얼굴을 보여주는 것은 나중으로 미루고 장밋빛 그림만을 던지며 다양한 옵션을 제시하는 곳도 있다. 이때 고객님은 반드시 가맹 본사의 진짜 얼굴, 즉 업계와 시장의 평가, 재정적 안정성, 가맹점주와의 파트너십 등 사업 동반자로 같이 갈 수 있는 조직인지 확인 절차를 거쳐야 한다. 만약 확인하지 않고 넘어갔다가 불미스런 일을 겪게 되면 하소연할 곳도 없다.

피해를 예방하기 위한 첫 행동 : 본사 사장 수차례 면담 및 재정 상태 확인

⋮

프랜차이즈 창업을 계획한다면 첫 단추는 계약 전에 가맹본부의 재정 상태와 본사 사장의 기업가 마인드를 반드시 체크하는 일이다. 계약 전에 반드시 수차례 본사 사장을 만나라. 공사를 막론하고 만나 보아야 한다.

재정 상태를 확인하는 방법 중 하나는 이미 영업 중인 타 매장을 방문하여 그곳 점주와 대화를 나누는 방법이 있다. 이때 물류는 원하는 때에 원활하게 공급되는지, 지연 사례는 없었는지, 본부가 결제에 지나치게 집착하는지, 잔금을 0원으로 해 줄 것을 요청하는 경우가 잦은지, 그에 따른 반사 옵션을 제시하는지도 따져보아야 할 일이다.

피해를 막기 위한 두 번째 행동 : 정보공개서 읽기

⋮

이런 과정과 함께 확인할 것이 또 하나 있다. 정보공개서이다. 이것은 가맹본부가 얼마나 정직한 경영을 하는지 가늠하는 척도가 된다.

정보공개서를 읽어 보았는가? 프랜차이즈 창업을 결정했다면 첫 단계는 정보공개서를 확인하는 일이다. 정보공개서에는 가맹본부의 일반적인 현황들, 즉 재무상황, 가맹점포 수, 영업의 조건, 가맹금, 기업 상벌 이력 등의 내용이 담겨 있다.

"가맹사업거래의 공정화에 관한 법률(이하 가맹사업법)"에서는 가맹 계약의 피해를 막기 위해 가맹 본사의 중요한 기업정보들을 문서로 등록하고 공개하도록 법으로 정하고 있으며, 가맹 희망자의 요구 시 가맹본사는 이를 객관적인 방법으로 제공하도록 의무화하고 있다. 또한 가맹 희망자에게 충분히 사전 검토를 하라는 의미로 정보공개서를 제공받은 시점부터 14일 동안에는 가맹계약 요구 및 가맹금 등의 수령 행위를 하지 못하도록 명시하고 있다. 이처럼 대상의 실체를 확인하는 과정은 중요하다. 그럼에도 불구하고 많은 가맹 희망자들이 정보공개서를 확인하기 전에 계약서에 서명한다.

그러나 어떤 면에서 정보공개서의 내용보다 더 중요한 게 있다. 정보공개서 요구에 대응하는 본사의 태도다.

① 뜸 들이는 가맹본부는 의심하라.

사실 정보공개서는 '공정거래위원회'에 등록하도록 정하고 있으니 가맹 희망자는 약간의 검색(www.ikfa.or.kr)으로도 찾아 볼 수 있다. 그러나 그것보다는 가맹 본사의 신뢰성 여부의 확인을 위해서라도 사업주에게 요청할 것을 권한다. 실제로 정보공개서를 요청받았을 경우 계약서 작성부터 하자는 회사도 있고, 이런 저런 핑계를 대거나 등록된 정보공개서와 다른 가공된 정보공개서를 보여주는 곳도 있다. 정보공개서는 일반적인 정보 확인 목적도 있지만 얼마나 성의 있게 작성하고 등록했는지 그것으로 그들의 정직성을 가늠하는 목적도 있다.

② 받아두어라.

정보공개서는 열람하는 서류가 아니다. 이것은 '인근가맹점현황문서'와 함께 제공받는 서류로 돌려줄 필요가 없다. 보여주기만 하고 가져가려고 하면 뭔가 의심스러운 점이 있는 것이다. 기억하라.

창업 결정까지 얼마나 오랜 시간을 고민하고 갈등했을까. 귀한 돈을 투자하는 사업이니만큼 꼼꼼한 준비는 필수다. 더구나 프랜차이즈 창업의 경우 가맹 본사의 건강성 여부가 내 사업의 지속가능성을 담보한다. 가맹 본사의 말만 들을 것이 아니다. 모든 것은 스스로 확인해야 한다. 어떠한 결과에도 책임은 자신에게 있기 때문이다.

가맹 본부 방문 시 체크리스트

① 재무구조는 건전한가?

(연구개발부서의 연구활동 범위를 확인)

② 독자적인 경영시스템은 있는가?

(대표적으로 물류배송 시스템의 컨트롤 능력을 확인)

③ 영업부 직원의 상권분석 및 입지분석 능력은?

(창업 희망지역을 나보다 잘 알고 있나?)

④ 기업의 상표, 로고, 테마 색상 등에서 통일감이 전달되는가?

(브랜드, 포장재 및 가맹점포의 전면 인테리어 등의 일체성 확인)

⑤ 가맹 본부와 가맹점 간의 관계 구축은 어떤가?

(먼저 시작한 선배 가맹점 가운데 한 곳을 내가 정하여 방문한 뒤 점주에게 직접 정보를 얻는다.)

⑥ 경영자는 겸손하며 기업가적 철학을 갖고 있는가?

(계획뿐인 미래형 언어보다는 현재형 언어를 사용하는가?)

4장

창업 준비 VS 성공 준비

물에 배를 띄운다고 다 목적지에 이르는 건 아니다.

창업 준비만으로 성공에 이르는 경우는 매우 드물다.

어떤 물에, 어떤 배를 띄울 때 목적지에 갈 수 있는지 점검하라.

장사는 돈이 아닌 철학으로 한다

"이 손에 무엇이 들었느냐?"

"모르겠습니다."

그 순간 석숭(石崇) 큰스님은 임상옥의 머리통을 내리쳤다.

"이놈아, 그것을 모르면 알 때까지 계속 대갈통을 두들겨 맞을 것이다."

큰스님에게 매일 머리통을 맞게 된 청년 임상옥의 하루하루는 그야말로 죽을 맛이었다.

어느 날 임상옥은 꾀를 내어 큰스님에게 선수를 쳤다.

"큰스님, 제 손에 무엇이 들었습니까?"

"모른다."

"모른다고 하시면 제가 스님의 머리를 내리치겠습니다."

그리고는 이내 큰스님의 머리를 때렸다.

"어이쿠, 이 놈이 나를 죽이려 드는구나. 안다 알아, 네 손에 든 것은 칼이니라."

임상옥은 으쓱했다. 그런데 며칠 지나지 않아 큰스님의 두 번째 시험이 그의 목을 겨누었다.

"그렇다면 이 손에 든 칼이 사람을 살리는 칼이냐, 아니면 사람을 죽이는 칼이냐?"

"모르겠습니다."

임상옥이 머뭇거리자 큰스님이 다시 대갈통을 내리쳤다. 또 다시 고통의 시간이 시작되었다.

매일같이 머리가 터지는 모습을 보다 못한 동료 스님이 임상옥을 불러 귀띔해 주었다.

다음날, 임상옥이 마당을 지나다 큰스님과 마주쳤다.

"이 손에 든 칼이 사람을 살리는 칼이냐, 아니면 사람을 죽이는 칼이냐?"

"큰스님 손에 든 칼은 사람을 살릴 수도 있고 죽일 수도 있는 칼입니다."

들은 대로 대답은 하였으나 사실 스님 손은 빈 손이었다. 임상옥은 그게 궁금하여 도대체 칼이 어디 있다는 건지 알고 싶었다.

"손에 들고 계시다는 칼을 보고 싶습니다."

그러자 석숭은 임상옥에게 따라 오라고 말하고는 방으로 향하는 척했다. 임상옥이 신을 벗고 툇마루에 오르려고 하자 큰스님은 기다렸다는 듯이 주먹을 날렸다. 뜻밖의 일격을 당한 임상옥은 댓돌 아래로 고

꾸라졌다. 그러더니 이번에는 석숭이 맨발로 뛰어내려 임상옥을 부축하며 일으켰다.

"괜찮은 것이냐? 어디 다친 데는 없는 게냐?"

"네, 괜찮습니다. 그건 그렇고 보여주신다던 칼은 어디 있습니까?"

"칼이라면 방금 전에 똑똑히 보지 않았느냐. 네 놈이 얻어맞아 거꾸로 처박힌 것은 사람을 죽이는 칼이요, 네 놈을 부축하여 일으킨 것은 사람을 살리는 칼이다."

임상옥의 얼굴에 한 줄기 빛이 스쳤다. 석숭이 이렇게 덧붙였다.

"사람의 손에는 늘 두 개의 칼, 즉 활인도(活人刀)와 살인도(殺人刀)가 있다. 똑똑히 기억하여라."

성공 창업자가 되려면 눈앞의 수익마저 포기할 수 있어야 한다

⋮

조선 최고의 부자. 자신의 은괴를 쌓으면 마이산(馬耳山)만큼 수북이 쌓인다던 의주 상인 임상옥. 그는 15세 때 글을 배우기 위해 금강사 추월암에서 1년간 행자로 지냈다. 위 내용은 그때 석숭 스님에게서 깨달음을 얻은 선문답(禪問答)으로 최인호의 소설 〈상도(商道)〉에 소개된 내용 일부다.

청년 임상옥은 1년의 행자 생활을 마치고 선친의 빚을 갚기 위해 인삼 장사 홍득주의 머슴을 살았다. 3년을 성실히 지내며 주인의 신임을 얻은 임상옥은 주인을 대신하여 연경에 인삼을 팔러 간다. 일이 잘 성사되면 홍득주는 큰 이익을 얻고, 임상옥은 머슴 생활을 마치고 어엿한 상인으로 독립할 수 있는 기회였다. 들고 간 인삼을 좋은 값에 다 팔고 귀국을 기다리던 어느 날, 임상옥은 연경에서 술주정뱅이 아비한테 팔려 기생이 된 여인을 만난다. 자신을 살려달라고 울며불며 애원하는 그녀가 안쓰러웠던 그는, 자신의 미래이자 아직은 주인의 재산이기도 한 인삼 판 돈을 포주에게 던져주었다. 목 빠지게 그를 기다리던 인삼 장수 홍득주는 자초지종을 듣고는 그를 쫓아냈다. 사리분별이 없는 사람도 아니었을 텐데 임상옥은 대체 왜 그랬을까? 임상옥이 밤을 꼬박 새우며 고민했던 것은, 그가 추월암에서 행자 생활을 할 때 석숭 스님에게서 받은 가르침 때문이었다.

그에게 장사란 팔 물건과 돈, 시기와 이윤 등의 차디찬 요소만으로 구성된 게 아니다. 그가 장사를 바라보는 관점에는, 늘 아이덴티티처럼 그를 따라다니는 '사람'이라는 요소가 깔려 있다('장사란 사람을 남기는 것이다.'는 그의 말을 상기해보자.). 사람과 돈 중에 하나를 버려야 하는 상황에서 그는 목숨처럼 중시하는 그 기준에 따라 돈을 버리고 사람을 구하는 길을 택한 것뿐이다. 그리고 어떤 노하우가 있었는지 명확히 드러나지 않는 부분이 있지만 그 철학이 그를 조선 최고의 부자로 만드는 데 중요한 역할을 했다는 점을 부인하기 힘들다.

성공한 창업자의 관점에서 보면 두둑한 창업 밑천, 목이 좋은 자리, 귀신도 홀리는 기술이란 단지 창업을 위한 최소한의 준비과정이지 성공을 보증하는 핵심 요소가 아니다. 우리가 장사의 성공 요소라고 생각하는 것들은 각각 그 자체로 작동할 때보다 이를 아우르는 창업자의 그 '플러스 원' 위에 얹혀 작동할 때 그 힘이 배가된다.

나는 지갑에서 돈이 흘러넘치는 졸부들이 장사에 뛰어들었다가 손을 털고 나오는 모습을 많이 보았다. 나는 손맛이 뛰어난 요리사가 가게를 접는 모습도 숱하게 보았다. 나는 소위 알짜배기 노른자 목에서 장사하다 길바닥에 나앉는 사람도 수두룩하게 보았다.

돈이 있고, 기술이 있다는 건 분명 장사를 시작할 준비가 되었다는 얘기는 되지만 그것만으로는 아름답게 장사를 이어갈 준비가 된 건 아니다. 장사라는 무대에서는 이 3요소보다 더 큰 힘을 발휘하는 게 있다. 그게 당신 손에 든 칼을 멸망의 검으로 만들기도 하고, 흥하게 하는 승리의 검도 만든다.

• 성공 창업을 위한 질문 •

① 당신의 소점포 운영 철학을 디테일하게 작성해 보자. 설령 수익을 포기하더라도 꼭 지켜야 할 것은 무엇인가?

② 수익과 철학을 잘 어우러지게 할 수 있는 방법은 무엇일까?

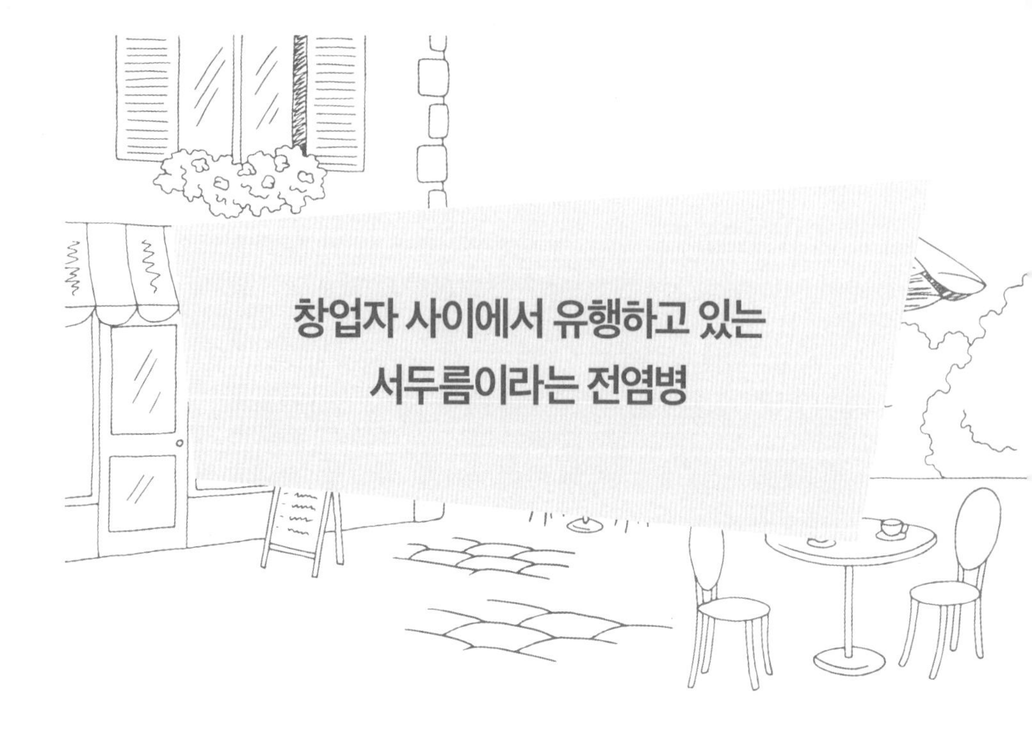

창업자 사이에서 유행하고 있는 서두름이라는 전염병

관우, 장비와 함께 작은 시골 마을에서 유표의 식객으로 지내고 있던 유비를 이문열의 〈삼국지〉에서는 이렇게 말하고 있다.

"벌써 이곳 형주로 내몰린 지도 너덧 해가 되는구나. 내 나이 이미 마흔일곱, 아직도 남의 식객 노릇이나 하고 있으니 아아, 장차 남은 날이 어찌 되려는가……"

유비는 나이 쉰이 다 되도록 아직 기업(基業)을 이루지 못하고 있는 자신의 신세가 처량했다. 그럴 때마다 돗자리 치는 일에 더욱 마음을 내며 소일했다. 물론 유표의 후처인 채부인의 눈칫밥으로 편치 않은 마음을 감추기 위함도 있었다.

어느 날 측간에 쭈그리고 앉아 볼일을 보던 유비는 자신의 살찐 허벅지를 보며 더욱 신세를 한탄한다. 그런 유비의 귀에 저잣거리를 떠도는 소문이 흘러들었다. 조조가 원소를 이기면서 천하에 위세를 떨치고 있다는 이야기였다. 장비는 노골적으로 불평했다.

"형님, 돗자리 치는 일은 그만 좀 하시우. 조조가 허도를 비웠을 때 밀고 들어갔어야 했어요. 이제 녀석을 잡기는 글러먹은 것 같소."

아쉬운 마음이야 유비도 마찬가지였으나 마음을 숨기며 동생을 다독인다.

"세상일이 어찌 생각대로만 되겠느냐? 서둘지 마라. 세상만사 때가 있는 법이다."

• • •

2015년 가을이 깊어지던 어느 날 준수한 외모의 청년이 사무실을 찾았다. 그는 예비창업자였고 부족한 창업자금을 마련하기 위해 상담실 문을 두드렸다.

"어떤 사업을 구상중인가요?" 마주 앉은 나의 첫 질문이었다. 그의 창업 아이템은 게임, 웹툰 등에 나오는 다양한 캐릭터의 이미지들을 상품화하겠다는 것이다. 온라인상에서 유행하는 다양한 캐릭터들을 찾아 가방, 액세서리 등에 적절하게 입히면 팔릴 것 같다는 게 그의 사업계획이었다.

연이어 질문을 던졌다.

"그럼 당신은 어떤 기술을 갖고 있나요? 캐릭터 디자이너인가요? 봉제나 재봉 기술자인가요? 재봉틀을 다룰 줄 아세요? 웹 운용능력이 있나요? 홈페이지를 만들고 관리하는 기술 또는 웹 기반 인프라나 나름의 판매 네트워크를 갖고 있습니까? 과거에 이런 회사의 근무 경험이나 경력은 있나요? 원단을 직접 구매해 본 경험은 있나요? 아니면 원재료를 우월한 조건에 구매할 수 있는 경로는 갖고 있나요?"

그의 대답은 모두 '아니요'였다. 종종 겪는 일이지만 이럴 때면 가슴이 답답해진다. 어디서부터 말을 시작해야 할지 막막해졌다. 해본 일도 아니요, 기술도 없다. 심지어 창업비용으로 자기자본율도 50% 미만이었다.

이 약점을 어떻게 메울까? 그의 대답은 이랬다.

"캐릭터 이미지는 작가를 만나 라이센스 사용계약을 맺으면 되고, 제작은 친분이 깊진 않지만 아는 전문 제작 업체가 있으니 그 공장에 맡기면 된다. 판매 방식도 판매 포털 사이트를 통해서 유통 채널을 구축할 계획이다."

그의 생각대로라면 남은 건 부족한 자금이다. 청년은 1년 전에 이 사업의 자금을 모으기 위해서 크라우드 펀딩을 전문으로 하는 업체를 통해서 모금을 시도해 본 적이 있다고 밝혔다. 당시 최종 모금액이 목표 금액의 30% 수준이어서 사업은 중단될 수밖에 없었다. 그는 돈만 있으면 어떻게든 시작할 수 있다고 믿고 있었다.

나의 한숨을 그는 이해하지 못했다

⋮

물론 그가 틀린 건 아니다. 그의 말마따나 그렇게 하면 사업은 시작할 수 있다. 그러나 성공적 정착은 둘째 치고, 그 사업이 정말 자신의 사업일까? 원재료 구매부터 판매까지 사업 프로세스 전 구간에서 자신이 컨트롤할 수 있는 기술적 역량은 하나도 없지 않은가. 물론 프로세스 전 과정을 네트워크화하여 관리하는 것도 중요한 기술이기는 하다. 그러나 핵심 기술 없이 모든 걸 외주로 돌리는 사업 방식은 안정기에 접어들 때까지 발생하는 모든 문제를 돈으로 해결할 수 있을 만큼 충분한 자본금이 뒷받침되어야 한다. 이 청년처럼 운영 자금이 모자랄 경우 작은 파도에도 쓰러지기 십상이다.

설령 주머니가 넉넉해도 모든 걸 외주로 돌릴 때 발생할 수 있는 위험은 또 있다. 급변하는 외부 환경이 그렇다. 멀쩡하게 경영하던 치킨가게나 고기집들이 조류독감이나 구제역으로 치명타를 맞았다는 뉴스를 우리는 기억한다. 그나마 구제역은 전국적인 뉴스라서 우리가 인지하고 있을 뿐 알려지지 않은 일들은 이보다 더 많다. 이처럼 외부 환경이 변하여 경영 프로세스 중 어느 하나라도 영향을 받게 되면 나의 사업체는 휘청거리게 마련이다.

이게 끝이 아니다. 창작자들의 캐릭터를 사용하려면 먼저 라이센스 계약을 맺어야 한다. 처음 한두 개 정도는 가능할지 모르나 다행히 청년의 사업이 술술 풀려 판매가 활황이면 라이센스 가격은 덩달아 올라간다. 사업이 활성화될수록 다양한 캐릭터들을 구매해야 하므로 원가 비중은 계속 높아진다.

재봉틀 기술이 없다는 것도 심각한 문제를 내포하고 있다. 당장 상품 샘플 제작 시 표현상의 한계를 겪을 수밖에 없다. 독점이 아니라면 일반적으로 제작 공장들은 의뢰자의 디테일한 주문을 해소시켜주지 못한다. 그들은 내 의지와 상관없이 오직 납품일자에 맞추어 제품을 만드는 것이 우선이다. 아주 특별한 관계, 즉 가족이든지 내가 독점 고객이든지 아니면 가장 큰 고객이 아니라면 그들에게서 디테일은 기대하기 어렵다. 디테일은 고비용에 직접 연결되는 부분이기 때문이다.

포털 사이트를 이용하겠다는 판매 계획에 대해서는 더 말할 필요가 없을 것 같다. 아무튼 그의 사업은 전 구간에서 리스크를 지니고 있었다. 왜? 자기 기술이 없기 때문이다.

사람들이 내 구상에 동의해줄까?

⋮

온라인 상거래 전문 회사 페이팔의 창업자 피터 틸은 경영자이자 유명 벤처캐피털 투자자로 활동한다. 2004년 그는 페이스북에 투자하면서 그들의 성장에 중요한 역할을 하기도 했다. 피터 틸은 투자를 결정할 때 시장이 충분한지 확인한다. 그가 창업자들에게 던지는 메시지도 똑같다. 이미 고객이 확보되어 있는지 보라는 얘기다. 피터 틸의 관점에서, 나를 찾은 이 청년의 사업을 한마디로 평가하라면 이렇다. '아무런 시장도 발견할 수 없음.'

만약 투자자를 찾는 예비창업자라면 피터의 말에 귀를 기울여야 한다. 투자자들은 사업계획서를 볼 때 미래 비전이 점진적인지, 투자금 회수 시점이 언제인지 본능적으로 살핀다. 청년은 사업구상을 마치기 전에 시장성을 냉정히 재평가했어야 했다. 타인이 평가하는 내 사업의 사업성, 상품성 등을 읽어야 옳다. 그럼에도 불구하고 크라우드 펀딩을 통한 창업투자금 모금 실패가 사업성보다는 모금 업체의 전략 실패에 있었다고 핑계를 대는 모습은 올바른 자세가 아니다.

유비는 목숨을 바치기로 하고 의형제를 맺은, 당대 최고의 고수 동생을 두 명이나 갖고도 출사표를 서두르지 않았다. 돌다리를 두드리고 또 두드린 것이다. 힘(力)과 기(氣)는 갖추었지만 그의 곁에는 전략을 세우고 추진할 브레인이 없었다. 그는 아직 공석인 제갈공명의 자리를 생각하며 자신의 계획은 아직 미완이라고 판단했다. 유비가 완성도 높은 준비를 위해 삼고초려하며 세월을 기다렸듯이 창업은 결정을 내리기 전에 준비하고 또 준비하는 숙성의 기간이 필요하다.

창업 상담을 하다보면 예비창업자들이 너무 서두른다는 느낌을 받는다. 그들은 창업 결정을 너무 쉽게 내리고 너무 서둘러 일을 진행한다. 유비는 경쟁자 조조가 승승장구한다는 소식을 듣고 있었고, 그에 반해 본인은 뒤룩뒤룩 살이 찌고 늙어가고 있었으니 얼마나 조급했겠는가. 그때마다 유비는 끓고 있는 솥뚜껑을 내려다보며 장시간 뜸을 들였다. 만약 순간의 욕심을 못 이겨 성급하게 싸움판에 뛰어 들었다면 춘추전국시대를 수놓은 인물들이 이름 없이 뜨고 지듯이 그도 무대 뒤로 사라졌으리라. 일생일대의 결전을 위해 자신의 기량을 닦고 전국을 관망하면서 준비한 결과 '유비'라는 브랜드는 2천년 동안 우리의 기억 속에 건재하다. 과연 구글, 마이크로소프트, 코카콜라와 같은 글로벌 기업이 유비만큼 오래도록 강력한 브랜드 파워를 자랑할 수 있을지는 두고 보아야 할 일이다. 내가 세운 기업이 오래 가기 바란다면 창업은 절대로 서두를 일이 아니다.

사업체를 '갖는 게' 목적이 아니라
사업체를 '꾸리는 게' 목적이다

⋮

캐릭터 청년과 한 시간 정도 상담하면서 나는 이 청년이 사업을 하고 싶은 것보다는 창업을 해보고 싶다는 느낌을 강하게 받았다. 일단 망망대해로 출발은 하고 싶은 모양인데 가방 속에는 장기간의 여행에 필요한 준비물이 보이지 않았다.

작은 구멍가게도 사업이다. 사실 기업보다 어려운 것이 소점포 자영업이다. 기업은 분업화되어 돌아가지만 소점포 자영업은 사장이 멀티 플레이어가 되어야 한다. 크든 작든 모든 사업은 프로세스에 의해서 돌아간다. 다시 말해 자본가든 엔지니어(생산기술력)든 경영 역량이든 파는 기술이든 뭔가 하나는 확실히 장착해야 한다. 유비는 초기에 유표에게 적지 않은 후원을 받았고, 관우와 장비라는 엔지니어를 두었으며, 공명이라는 전략가 겸 전문 컨설턴트를 얻었다. 제품의 생산과 판매, 이를 원활히 하기 위한 자금력 중 어느 한 부분이라도 내가 꽉 잡고 있지 않으면 사업의 리스크는 높아진다. 어려움에 부딪쳤을 때 이를 다룰 능력이 없으면 자신에게는 치명타가 된다.

여전히 청년은 사업 자금이 부족해서 창업 문턱에 오르지 못하고 있다. 투자자도 만나지 못하고 있다. 설령 투자를 받아 시작한들 사업이 실패하게 되면 가진 돈을 날리고 빚을 떠안거나 혹은 다른 누군가에게 피해를 끼칠 수도 있다.

완벽한 창업준비라는 게 있을까마는 '투자금이 적고, 아직 나이가 젊으니 경험 차원에서 도움이 되지 않느냐'고 말하는 예비창업자도 자주 본다. 경험? 그것도 좋다. 그런데 핵심기술을 모르고 시작했다면 그저 '사업 한번 해봤다'고 말할 수 있는 것 외에 나에게 남는 게 무엇이 있을까. 시장을 읽어내지 못하면 나중에 있을 진짜 게임을 탄탄하게 치를 수 있는 경험은 절대 불가능하다. 어설픈 사업 경험으로는 건질 게 많지 않다. 더구나 대한민국은 실패한 자에게 재도전의 기회를 쉽게 주지 않는다. 한 번 실패는 불편한 꼬리표가 되어 졸졸 따라다닐 것이다.

• 성공 창업을 위한 질문 •

① 당신의 창업 목적은 내 가게 소유인가, 사람들에게 필요한 가게 운영인가?

② 소점포 경영에서, 당신의 손으로 할 수 있는 게 얼마나 되는가?

③ 당신의 아이템은 현실성이 있는가? 전문가의 동의를 얻어낼 만한 아이템인가?

6개월 만에 문을 닫은 이유

김 대표는 30대 중반의 싱글맘으로 인천 논현동에 프랜차이즈 반찬 가게를 창업했다. 의료업계에 종사하는 중에도 혼자 아이를 키우며 수천만 원의 창업비용까지 모을 만큼 '억척어멈'이었다. 초기 상담을 해보니 육아문제가 그녀의 첫 번째 창업 이유였다. 아이를 유치원에 등원시키고 출근하는 일은 그렇다 치더라도 퇴근이 문제였다. 직장 동료 눈치가 보이는 건 둘째 치고 서울에서 인천까지 헐레벌떡 도착해도 아이를 맡겨두기에는 이미 늦은 시각이었다. 두 번째 창업 이유는 반찬솜씨가 있다는 주변의 칭찬 때문이었다. 반찬을 만들어 이웃과 나누어 먹으면 맛있다는 평을 듣다 보니 자신이 있었고 그 작은 마음들이 모여서 언젠가는 반찬 가게를 열어보고 싶은 소망이 생겼다.

초기 상담 당시 그녀는 눈여겨 봐 둔 점포가 있었고 프랜차이즈 회사하고도 어느 정도 계약에 대한 이야기가 마무리된 상태였다. 다만 일부 부족한 자금 때문에 상담을 요청해온 것이다.

신도시 아파트 내 상가가 안고 있는 문제점

새로 지은 신도시 아파트 단지는 주거와 상업지구가 명확히 분리된다. 구도심 아파트 단지의 경우 단지 내 상가를 포함하여 일반 상가와도 적절하게 뒤섞여 단지가 배치되는 반면 신도시 아파트는 초고층으로 들어서고 주거 쾌적성과 보안의 목적으로 아파트 단지와 외부가 차단되도록 경계를 뚜렷이 구분한다. 상가동이 나뉘어 있음은 두말할 것 없다. 주차장 역시 지하로 배치되어 상가 동선과 나뉘며 같은 주거단지임에도 단지끼리 뚝 떨어지게 분리된다. 이런 '분리의 원칙' 때문에 상가 입지가 불편한 경우가 왕왕 생긴다. 거주민의 실제 이동 동선과 상가 위치가 일치하지 않는 것.

이것이 아파트 상가를 볼 때 유동인구 외에 건물의 배치와 형태를 신중하게 보아야 하는 이유다. 보행자보다는 차량 중심으로 도심이 개발되어 소비 주도권을 가진 주부들은 상당수가 자가용으로 이동하고, 집에 갈 때는 개별 단지 출입구를 통해 자연스럽게 지하로 들어간다. 대중교통도 승객을 이동시키며 머무는 개념보다는 여러 단지들을 거치며 지나가는 개념이 더 강하다. 그러다보니 단지 내 상가를 가는 일은 줄어든다. 대개는 일을 보러 나갔다가 인근의 상업지구를 이용한다. 단지 내 상가는 주로 아이들 학원이나 편의점 정도가 들어서지만 그야말로 생활에 필요한 간단하고 기본적인 생활 서비스형 업종 위주로 입점된다. 이런 폐쇄적인 환경 때문에 괜찮은 점포가 생겨도 타 단지에서 유입되는 고객은 거의 없게 되며 한두 번 찾더라도 재방문은 더더욱 어렵다.

서쪽에 위치한 가게는 곤란하다

그녀가 창업하고자 하는 지역은 인천 논현지구 일명 한화지구라고 불리는 신도시다. 창업 자금 상담을 위한 목적으로 사무실을 방문했지만 아직 점포계약 전이었기 때문에 나는 조금 더 도움 되는 조언을 주고 싶었다. 우리는 입지분석을 겸해서 창업 예정 점포를 방문했다. 현장은 아파트 단지 내 상가 건물 1층이었고 전형적인 정동향 상가 건물이었지만 김 대표가 봐 둔 점포는 서쪽 라인에 위치하고 있었다. 동쪽 라인 점포는 빈 점포가 없었고 서쪽 라인에만 두 곳이 비어 있었다. 오래 관찰할 필요가 없었다. 서쪽은, 피해야 할 자리였다.

식당 인테리어를 할 때 주방은 서쪽을 피해야 한다. 이를 좀 더 확대해서 말하면 식당의 입지는 서향 건물을 피하는 것이 좋다. 서향은 오후가 되면 넘어가는 해가 길고 대기의 온도가 올라 실내온도가 높아져서 음식물 관리에 어려움을 겪는다. 대개 아파트의 주방이 북쪽에 위치하는 것도 그런 이유에서다.

냉장고와 물, 도마와 불은 가능하다면 오른쪽에서 왼쪽으로 배치하는 게 편리하다. 인기 요리프로 〈냉장고를 부탁해〉의 경우 방송을 위해 시설이 좌우 대칭으로 만들어졌다. 그러나 관심 있게 지켜본 시청자라면 화면의 왼쪽 셰프와 오른쪽 셰프의 움직임에서 오른쪽 셰프의 움직임이 더 많음을 알 수 있다. 동선은 짧을수록 편하다.

한 가지만 덧붙이면 주방의 전체적인 색조를 선택할 때는 파란색과 보라색은 피하는 것이 좋다. 파란색은 차가운 느낌을 주어 감정을 조절하게 하는 효과가 있지만 한편 쓴맛을 연상시킨다. 보라색은 음식의 선도와 연관성이 있어 자칫 상한 느낌을 갖게 할 수 있다. 파란색과 보라색을 기피해야 할 것은 주방의 전체적인 색조뿐 아니라 주방도구나 음식그릇도 마찬가지다.

마음이 바빴던 김 대표

⋮

바로 다음 날 두 번째 상담을 하면서 나는 조심스럽게 두 가지 제안을 했다. 하나는 다른 점포를 찾아 볼 것과 다른 하나는 쉽지는 않겠지만 창업을 미루고 창업준비를 좀 더 하자는 것이었다. 그녀는 창업에 마음이 기울어 있는 상황에서 두 번째 제안은 거들떠보지도 않았다. 직장에 이미 퇴직 의사를 전달한 상황이었고 계약만 하지 않았지 오픈 일정을 향해 카운트다운이 시작되어서 멈출 수 없다며 고개를 저었다. 어쩔 수 없이 점포만이라도 다른 것을 알아보자고 권했으나 이번에도 김 대표는 난색을 표했다. 인근 상업지구는 점포 임대료도 비싸고 대형마트가 있고 일반 상가에도 동업종이 있어 어렵다는 얘기였다. 이미 그쪽 지역을 많이 알아본 상황이었다. 성과 없이 두 번째 상담이 마무리되었다.

이대로라면 창업 후 어려움은 불 보듯 뻔했다. 그럼에도 불구하고 창업 의지가 높아 설득을 위한 대안으로 두 개의 과제를 내 주었다. 하나는 오후 시간에 점포를 다시 볼 것과 다른 하나는 주말에 수원에 있는 유명 전통시장 반찬가게를 견학하라는 것이었다. 첫 번째 숙제는 상가 유동인구와 동선을 다시 파악하고 오후에 시간대 별로 건물이 어떤 얼굴로 바뀌는지 직접 보게 하고 싶은 마음이었고, 두 번째 숙제는 반찬가게가 반찬 솜씨만으로 장사하는 것은 아니며 잘 되는 가게의 운영방식을 엿보면서 창업 후 운영에 대한 계획을 점검하라는 의미였다.

결론부터 말하면 그녀는 첫 번째 숙제였던 지역 재조사를 마친 후에도 마음을 바꾸지 않았다. 두 번째 숙제였던 우수 점포 현장 견학은 이런 저런 이유로 미루다가 시간에 쫓겨 점포 계약서와 프랜차이즈 계약서에 도장을 꽝 찍었다. 엎질러진 물이었다. 정식으로 컨설팅을 요청했던 상황이 아니어서 더 이상의 개입을 멈추고 신청했던 자금 지원 절차를 밟았다. 그 후 개업 절차는 프랜차이즈 본사의 도움을 받아 점포 인테리어를 하고 김 대표는 생애 첫 사장이 되어 가게 문을 활짝 열었다.

맛있기만 하다고 되는 건 아니다

한 달 후, 어느새 여름의 끝자락이었고 곡식을 영글게 하는 가을볕이 따가운 오후 어느 날, 나는 개업 축하를 위해 김 대표의 점포를 방문했다. 반찬가게는 1) 진열, 2) 포장, 3) 위생이 중요한 업종이다(맛은 기본이다.). 점포 앞을 지나는 보행자의 시선을 자극할 수 있도록 잘 보이게 진열되어야 한다. 팔린 상품은 국물이 흐르지 않도록 용기를 잘 골라야 하고 포장 기술도 꼼꼼해야 한다. 위생은 고객들이 잘 표현하지 않지만 민감하게 느끼는 부분이기 때문에 수험생을 둔 엄마의 마음으로 말하지 않아도 챙겨야 한다.

한편 모름지기 반찬가게라면 고객이 진열된 반찬을 보고 오늘 저녁에는 가족을 위해 저 반찬을 식탁에 올려야겠다는 마음이 들게 해야 하고, 다양한 반찬의 종류를 보면서 주부의 구매 욕구를 자극해야 한다. 그래서 어느 반찬가게는 매장 한쪽에서 간단한 반찬 정도는 만드는 과정을 일부러 노출시키기도 한다. 신선도와 식욕을 자극하려는 전략에서다. 전통시장에서 장사하는 할머니들께서 좌판에서 직접 전을 굽는 것은 책으로 배우지는 않았지만 고도의 마케팅 전략을 실천하는 것이다.

김 대표의 매장 전면은 통유리로 되어 내부 가시성이 좋았고 프랜차이즈 본사의 특징을 살려 인테리어도 깨끗하게 잘 되었다. 그런데 방문한 그날은 전면 전체를 블라인드로 가리고 있어서 밖에서 내부가 전혀 보이지 않았다. 이유를 물으니 오후가 되면 해가 길어져 매장이 너무 덥고 눈이 부셔 시야마저 불편하다고 말한다. 일부 반찬들은 실온에 진열하고 있었는데 상승한 실내온도 때문에 반찬관리에도 더 많은 신경을 써야 하는 상황이 된 것이다. 개업 초기여서 그런지 더 이상 불편한 것에 대한 내색은 하지 않았지만 내 말을 듣지 않은 것이 살짝 미안했던 것 같다. 그러나 이미 출발신호는 울렸다. 상황이 어떻든 성공을 향해 달려야 한다.

그로부터 3개월이 지난 어느 날, 김 대표로부터 전화가 걸려왔다. 매장을 방문해 달라는 요청이었다. 방문하여 이야기를 들으니 개업 초기에는 매출이 괜찮았는데 요즘 매출이 조금씩 떨어지고 있으며 무엇보다 반찬관리가 너무 어렵다는 하소연이었다. 게다가 창업의 첫 번째 이유가 육아문제였는데 직장 다닐 때보다 아이 돌보기가 더 어렵다는 것이다. 생각보다 빨리 징후가 나타났다. 반찬가게는 음식을 파는 곳이지만 시각 마케팅을 해야 한다. 한 자료에 따르면 오감(五感) 중에서 시각이 구매 욕구에 끼치는 영향은 87%에 이른다. 이 실험결과에 따르면 소비자를 유혹하는 데는 시각적인 것이 최우선이다. 그런데 상가 앞을 지나는 주민들이 내부를 볼 수 없다면 다채로운 반찬도 예쁜 실내도 모두 허사가 아닌가. 걱정스런 마음에 이런 저런 운영 원칙 몇 가지를 설명하였지만 그래도 마음은 편치 않았다.

그리고 다시 3개월이 지난 어느 날, 김 대표로부터 전화가 걸려왔다. 결론부터 말하자면 방금 점포 양도양수 계약을 마쳤다는 것이다. 다른 일을 제쳐두고 매장으로 달려갔다. 사업 포기의 사유를 들어보니 그녀가 6개월 전에 창업 이유로 말했던 육아문제가 해결되기는커녕 더 어려워졌다는 것이다. 또한 서향 점포가 가진 고질적인 어려움을 포함하여 예상치 못한 이런 저런 이유로 경영이 쉽지 않았다고 한다.

그녀는 6개월 사이에 몸과 마음이 많이 지쳐 있었다. 그래서 프랜차이즈 가맹을 하며 들어간 비용과 점포 권리금, 인테리어 비용의 거의 대부분을 손해로 떠안더라도 문제들이 더 곪기 전에 결정을 지어야 했다고 말한다.

인천은 석양이 아름다운 도시다. 빨갛게 물든 채로 넘어가는 태양은 사람의 마음을 감동시키기에 충분하다. 그렇게 아름다운 석양이 김 대표에게는 피하고 싶은 불편함 자체였다. 점포가 서향이면 어떻고 동향

이면 어떤가. 음식 관련 업종이 아니라면 달라질 수도 있다. 주방용품이 파랑이면 어떻고 빨강이면 어떨까. 문제가 되지 않을 수도 있다. 그러나 소점포 창업의 승부는 어찌 보면 디테일의 승부다. 창업 전에 누가 더 챙기고 누가 더 따져보느냐에 따라 창업 후 경영 안정성은 크게 달라진다.

• 성공 창업을 위한 질문 •

① 창업 책이나 컨설턴트가 자주 되풀이해서 강조하는 얘기를 기억하는가?

② 해야 할 것을 생각하기 전에 하지 말아야 할 것을 명확히 파악하고 있는가?

나는 준비된 창업자인지 점검하는 5가지 질문

예비창업자의 정의가 창업 결정을 내리고 이미 준비에 돌입한 사람이라면 잠재적 창업자는 언젠가는 창업하게 될 것을 예감하는 사람이다. 잠재적 창업자와 예비창업자는 창업 결정 여부로 나뉜다. 앞의 캐릭터 청년처럼 보통의 경우 창업결정과 업종결정은 동시에 이루어진다. 대부분이 평소에 관심을 두고 있던 분야에서 장사가 하고 싶어 결정을 내리기 때문이다.

다음의 5가지 체크리스트는 잠재적 창업자와 예비창업자 모두에게 필요한 질문이지만 예비창업자보다는 잠재적 창업자 단계에서 체크할 수 있다면 훨씬 도움이 된다. 이 과정이 필요한 것은 잠재적 창업자일 때가 현실을 조금 더 똑바로 볼 수 있기 때문이다. 조금 더 객관적이고 조금 더 자유로운 입장에서 검토하는 게 그만큼 중요하다. 또한 아직

물을 엎지르지 않았기 때문이다. 나아가 창업은 준비도 중요하고 시작도 중요하지만 마무리도 중요하기 때문이다. 운명적으로 창업이 예감된다거나 주위의 환경이 결국 창업을 피해갈 수 없을 것 같다면 다음의 5가지 셀프 질문을 통해서 미리 자신의 조건과 하고자 하는 업종의 환경을 정리해보아야 한다.

- **질문 1 :** 나는 하고자 하는 업종에 대한 핵심기술을 알고 있고, 그것을 직접 다룰 수 있는가?

'완벽한 소점포 경영을 하고 싶다, 사장이라면 다 해야 하는 것 아닌가' 하는 마음이 아무리 크더라도 사업에 필요한 모든 것을 혼자서 다 해낼 수는 없다. 모든 사업은 프로세스에 의해 돌아가기 때문이다. 그럼에도 불구하고 창업 준비기에 꼭 챙겨야 할 것이 있다면 그것은 핵심기술이다.

라면가게의 핵심기술, 면발 | 예를 들어 분식집마다 라면 맛은 크게 차이가 없다. 어지간하면 다 먹을 만하다. 그러나 '웬만한 분식집'과 '괜찮은 분식집' 사이에는 적지 않은 차이가 존재한다. 라면 면발의 상태가 가장 좋은 포인트를 분초 단위로 잡아내는 기술이 있느냐 없느냐 하는 점이다. 면을 몇 분 몇 초 끓였을 때 가장 식감이 좋은지 그 포인트를 알고 있어야 하는데 이는 감에 의지하지 않고 정확한 시간을 과학적으로 알고 있어야 한다는 의미다.

만일 당신이 면발의 귀재가 된다면 응용은 쉽다. '일반라면'을 마스터

한 당신은 이제 계란라면 떡라면 만두라면도 최고의 상태에서 끓여낼 수 있다. 면발을 쥐락펴락하는 당신은 이제 젊은 손님이든 나이든 손님이든 그들의 입맛에 맞게 30초를 더 끓일지 말지 결정할 수 있다. 나아가 가장 좋은 면발의 식감은 사람에 따라 다르다는 점까지 알고 있다면 이제 당신은 손님이 오면 꼬들꼬들한 면부터 푹 익힌 면까지 0~10단계로 주문을 받을 수 있게 된다. 고객별 맞춤 서비스가 이루어진다면 이제 당신의 라면가게는 손님의 취향을 배려하는 '괜찮은 라면가게'가 된다. 파스타면은 타이머를 보며 끓이면서 왜 라면은 그렇게 하지 않을까. 스테이크는 굽는 정도를 물어보는데 라면은 왜 그렇게 하지 못할까. 초단위로 변하는 면발의 상태를 알고 있으면 당신은 똑같은 라면이 아니라 한 사람을 위한 라면, 즉 미세한 응용도 가능해진다. 응용은 기본에서 갈라진다.

유통 관련 도소매의 핵심기술, 상품의 흐름 | 유통과 관련된 도소매 업을 하고자 한다면 그 바닥에서 물건이 움직이는 흐름을 알고 있어야 한다. 누가 상품의 총판권을 갖고 있는지, 그 지역의 누가 유통의 흐름을 어떻게 주도하고 있는지 모르고 있다면 이것은 마치 골인 지점도 모르고 달리겠다는 마라토너와 같다. 설령 나는 병아리 창업자이고 아직 그와 거래를 틀 만한 수준이 아니어도 상관없다. 알고 있는 것과 모르는 것은 큰 차이가 있다. 창업 상담을 하다보면 이 기본조차 준비되지 않은 사람들을 심심치 않게 만난다. 업계에 몸담고 있는 사람들에게는 너무도 당연한 팁 하나를 말하자면 해당 업계에서 어떤 사람 혹은 어떤 도매 업체가 영업사원들의 입에 자주 오르내리는지 확인하면 된다. 중요

한 것은 유통의 흐름과 주도권은 시간에 따라 변하기 때문에 유통기한이 다한 정보인지 아닌지 체크해야 한다.

누가 물건을 쥐고 있는지 알고 있으면 공급 마진이 크든 적든 기회가 되었을 때 직원이나 영업사원의 손에 의지하지 않고 그 흐름에 사장 자신이 직접 올라 탈 수 있다. 고기를 파는 식육점이라면 고기를 납품하는 영업사원과의 관계도 중요하지만 한우 산지의 동향에도 관심을 게을리 하지 말아야 한다는 뜻이다. 간혹 이 말을 새겨듣지 않은 분들이 창업 후에 중요성을 깨닫는 일이 부지기수다.

기타 핵심기술

배달 업종 | 업주가 오토바이를 탈 수 있는가도 중요한 핵심기술 중 하나다. 유사시에는 직접 배달을 나가야 하기 때문인데, 장사를 해보면 생각보다 그 유사시가 자주 발생한다.

테이크아웃 업종 | 정확성과 친화력이다. 대한민국은 빨리빨리의 나라다. 소비자는 기다리지 않는다. 그러므로 예고한 시간을 정확히 지켜주어야 한다. 기다림의 불편함이 누적된다면 고객들은 이미 알고 있는 더 편리한 '주문 앱'으로 갈아탈 것이다. 그 다음은 친화력이다. 기다리는 동안 고객이 지루함을 느끼지 않도록 다양한 '꺼리'들을 갖고 있어야 한다.

구이 업종 | 냄새를 잡아라. 삼겹살구이, 생선구이 등 냄새가 몸에 배는 업종은 여성 고객들이 꺼리는 경우가 있다. 핵심은 여성고객에 대한

특별한 배려에 있다. 솔직히 말한다면 아무리 노력해도 발생하는 연기와 역한 냄새를 어찌 잡겠는가. 핵심은 연기와 냄새에 대하여 사업주가 특별히 관리하고 신경 쓴다는 점을 고객(특히 여성)이 인지하도록 만들어야 한다는 것. 겉옷을 안전하게 따로 보관하는 공간, 환기, 섬유 탈취제 등으로 퍼포먼스를 하라. 그것을 노출시켜라. 이런 업종의 절반은 여성 손님인데 그들을 관리하면 전부를 잡는 효과를 얻게 될 것이다. 반복적으로 말하지만 맛은 기본이다.

생선회, 스시 업종 | 부지런함이 핵심이다. 스시의 생명은 신선도에 있다. 부지런함은 모든 장사에 기본이지만 스시는 신선도를 위해서 유난히 부지런해야 한다. 가능한 매일 장을 봐라. 낚시 배에서 바로 먹는 생선회는 대충 썰어도 맛있다. 인터넷 덕분에 손님 입맛이 요리사 입맛보다 예민한 세상이다.

음료점 업종 | 하이 퀄리티(High-Quality)와 전문성이다. 6조 원이 넘는 시장 규모만큼 커피는 대중화를 지나 고급화가 진행중이다. 전문가 수준으로 커피 지식과 맛을 아는 소비자가 즐비하다. 그들에게 은근슬쩍 전문가스러운 멘트를 던질 수 있어야 한다. 프랜차이즈 브랜드와 달리 개인브랜드는 주문한 커피를 제조하는 동안 원산지, 오늘의 커피, 하우스 브랜드에 대한 설명, 취향별로 달라지는 레시피 등 3분 대화를 통하여 덕후들을 만족시킬 수 있어야 한다.

이미용 업종 | 듣기와 말하기. 고객이 원하는 스타일에 대해 충분하게

들어라. 듣기는 훈련 없이는 힘들다. 서비스 하는 동안 대화를 멈추지 마라. 헤어 디자이너들은 손과 어깨와 다리 환자들이 많다. 미안하지만 하나 더 추가되어야 한다. 입도 아파야 한다. 잘 말고 커팅 잘하는 것은 기본이다. 승부는 그 다음 것에서 판가름 난다.

• **질문 2 :** 시장은 충분히 큰가?

시장을 묻는 질문은 두 가지 측면으로 나누어 살펴야 한다. 하나는 시장의 성장성이라는 '업계의 파이'이고 다른 하나는 내 점포를 중심으로 잠재고객을 가늠해보는 '지역의 파이'이다.

예컨대 내가 순두부 장사를 하고 있다면 콩으로 만든 음식의 시장 규모를 파악해보는 것이 업계의 파이고, 내 가게를 중심으로 반경 500미터 안에서 순두부를 파는 경쟁점포를 포함하여 된장찌개를 파는 유사업종까지 매출을 확인하는 것이 지역의 파이를 확인하는 과정이다. 숫자 하나까지 똑 떨어질 필요는 없으나 대강이라도 조사해 보자.

만일 대상 지역의 경쟁 점포가 순두부찌개만 또는 된장찌개만 파는 식당이 있다면 나는 찌개류 중에서 순두부와 콩비지를 같이 취급하는 것이 전략적 구성이 된다. 또한 경쟁 점포가 순두부찌개도 된장찌개도 모두 팔고 있다면 나는 순두부만 또는 콩비지만 취급하고 알리는 것이 고객 인지에 유리하다. 지역의 파이를 조사하면 순두부와 콩비지를 같이 팔 것인지 아니면 둘 중 하나에 집중할 것인지 판단할 수 있게 된다.

나아가 지역에서 두부요리 전문점으로 포지셔닝 하고 싶더라도 두부 자체의 맛을 살린 메뉴로 구성할지 아니면 퓨전한 두부 요리로 메뉴를 구성할지에도 도움이 될 것이다. 전통 두부와 퓨전 두부 두 음식의 맛이 레벨이 비슷하고 평균 가격도 비슷하다면 지리적, 지역적 특성에 따라서 파이의 크기는 분명 달라진다. 말하자면 맛의 수준이 비슷하고 가격도 비슷한 지역에는 대개 평범한 음식점들이 많다. 이런 지역에서는 오히려 퓨전한 두부 메뉴로 구성하는 것이 유리하다. 반면 유사 업종이라도 음식 맛의 차이도 가격대의 차이도 들쭉날쭉 격차가 있는 지역에서는 전문점 형태로 포지셔닝 하는 것이 유리할 것이다.

업계의 파이와 지역의 파이는 항상 동시에 가늠해보아야 한다. 그래야 입점 여부, 창업 여부를 결정할 수 있기 때문이다.

예컨대 편의점 업계의 창업은 대형 프랜차이즈 브랜드와 지역 유통업자 브랜드, 개인 형태의 브랜드로 크게 세 갈래로 나뉜다. 전체 시장은 최근 3년 동안 매년 평균 5~7% 정도로 점포수가 늘고 있다. 게다가 아직 시장의 성장 가능성이 높다. 다만 이것은 시장의 성장가능성이지 내 지역의 성장가능성은 아니다. 점포들은 이미 포화 상태에 가깝다고 느낄 정도로 동네마다 구석구석 들어선 상태가 아닌가.

그럼에도 불구하고 영업 형태의 변화, 즉 나만의 독특한 영업 아이템이 있거나 상품 개발 능력에 따라서 지역 시장에서의 성장가능성은 달라진다. 반대로 독특한 영업 아이템이 있고, 고정 고객 수가 많아도 경쟁을 벌여야 하는 입장이라면 지역 시장에서의 성장가능성은 떨어진다.

예를 들어 배후지에 5천 세대 정도가 형성된 주택가 상권이 형성되어 있고, 주택가로 들어가는 주 통로에 편의점이 이미 2개 이상 자리를 잡고 있다면 아무리 좋은 자리라도 입점 결정은 신중해야 한다. 지역과 고정 고객만 따져서 입점하는 것은 무리다. 속칭 손님 나눠먹기 경쟁에 뛰어들어야 한다는 점을 감안하면 좋은 자리를 얻는 게 이익 차원에서 유리하지는 않다. 왜냐하면 그 좋은 자리를 얻기 위해 경쟁자보다 높은 권리금과 월세를 부담해야 할 테니 말이다. 겉으로는 남는 것처럼 보이는 장사일지 모르나 뒤로 남는 영업 순이익은 낮을 것이 분명하다. 이런 경우 장기적으로 갈수록 더 불리한 쪽은 당신이다.

한편 산지와 직접 계약해서 파는 과일, 야채, 김장철의 절임배추 등 계절별로 특판을 잘 이어갈 수 있는 능력이 있고 그만큼 부지런할 수 있다면 선점자가 있더라도 원거리의 잠재고객을 발굴하는 의미에서만 경쟁 입점을 고려하게 된다. 이때 특판을 지역의 고정고객을 대상으로 할 생각이라면 위험수가 된다. 특판은 잠재고객을 발굴하여 지역의 판을 키우는 것으로 전략을 짜야 한다.

이와 같이 판단할 수 있는 것은 내가 업계의 파이와 지역의 파이를 함께 읽었기 때문이다.

• **질문 3 :** 시기적으로 적절한가?

2013년 5월에 만났던 한 청년 예비창업자는 여름 성수기를 위해 반드시 6월말까지는 개업을 해야 한다며 창업 스케줄표를 내밀었다. 그의 창업 아이템은 물놀이 의류를 디자인하고 만들어 파는 의류 디자인 제작업이었다. 디자인 현장 경력도 3년이나 된다. 여름 성수기를 3번 경험했다. 이 정도 경력이라면 초보는 아니다. 초짜 딱지를 뗀 그가 무슨 연유로 창업을 서두르는지 이해하기 어려웠다. 아무튼 그는 자신이 원하는 날짜에 맞추어 개업에는 성공했다. 하지만 그해 겨울을 못 넘기고 가게 문을 닫았다.

왜일까? 폐업 절차를 도와주며 원인을 찾아보았다. 기술과 제품만 좋으면 성수기를 잘 치를 수 있다며 자신만만했으나 그의 발목을 잡은 건 뜻밖에도 초기 정착 문제였다. 초기 정착이란 업계에 나를 알리고 시장에 내 브랜드를 알리는 일을 말한다. 홍보나 영업과 같은 대외적인 일뿐 아니라 직원과의 손발 맞추기나 운영방침 정하기 등 사업체 내부에서도 안정화시켜야 할 일은 산적해 있다. 그런데 그에게는 초기 정착을 위해 차분히 준비할 만한 시간적 여유가 없었다. 뿌리가 흙과 엉기지 못했던 것이다.

여름은 매년 돌아온다. 흐르는 강물은 아무도 막을 수 없다. 그럼에도 왜 꼭 이번 여름이어야 했을까? 내년 여름이나 혹은 겨울은 왜 안 되는지 한 번 더 생각해 볼 문제다.

판매의 적기와 창업의 적기를 혼동하지 마라. 잠재적 창업자일 때는 느긋하던 사람도 창업을 결심하는 순간 개업을 서두르며 조급증에 빠진다. 조급증은 창업자의 마음을 좀먹는다. 여유롭던 마음이 검은 구름에 가려지고 시야가 좁아진다. 앞만 보고 달린 나머지 입지에 대한 충분한 검토 없이 점포계약을 서두르거나 충분한 사전 조사 없이 가맹본사의 감언이설에 혹해 쾅 하고 계약서에 도장을 찍는다. 계절 업종의 경우, 예비창업자나 창업 컨설턴트나 모두 해당 계절에 맞추어 창업하는 것을 당연시하는데 과연 그럴까? 왜 에어컨 설비업자는 5~6월에 창업을 서두를까? 왜 칼국수장사 호떡장사를 10~11월에는 시작해야 한다고 철석같이 믿을까? 물론 그 마음을 모르는 바는 아니다. 다만 개업한 바로 그 계절에 소득을 올리며 정착할 가능성을 생각해 보면 긍정적이지 못하다.

개업 초기에는 모든 것이 새롭다. 처음 만난 직원의 성향을 파악하고 서로 간에 알아가는 데 시간이 필요하다. 초기 안정을 위한 행정이나 경리부문, 경영 효율을 위한 내부기준 등 사소한 것 하나도 새롭게 갖춰야 한다. 사소해 보이지만 호떡 가게와 같은 경우, 옆 가게와 냄새문제나 쓰레기 배출 문제로 마찰이 생길 수도 있다. 어디 이뿐이랴? 홍보를 하면서 영업도 뛰어야 하고 가장 중요하게는 매출을 위해 손님도 받아야 한다. 에어컨 설비업의 경우 사업주는 출장을 다니느라 자리를 비우면서 이 모든 일을 처리해야 한다. 장사에 집중해도 모자랄 판에 자꾸만 신경 쓸 일이 생긴다. 손이 열 개라도 모자라다. 창업 초기 안정화에 구멍이 숭숭 뚫린다. 꼼꼼하게 준비해서 성수기를 치러야 할 시기에 초기 안정화 작업에 신경을 빼앗겨 하늘이 내린 기회를 놓치고 만다.

왜 꼭 그 계절이어야 할까? 호떡 가게를 여름에 시작하면 안 될까? 슬러시부터 시작해서 개업 초기에는 안정화에 집중하면서 주민들에게 자연스럽게 인식되는 시간도 벌면서 짜임새 있게 성수기를 준비하면 안 될까. 정말 내 칼국수에 자신이 있다면 여름에 개업해서 냉국수로 손님들 뒤통수를 멍하게 만들어라. 융합의 시대가 열리면서 우리는 겨울에도 에어컨과 아이스크림이 팔리는 시대에 산다. 기억하라.

• **질문 4 :** 나만의 〈차별적인 영업 콘셉트〉를 갖고 있나?

이 질문은 성공 창업과 관련한 5가지 셀프 질문 중에서 가장 중요하다. 창업자가 끝까지 포기해서는 안 될 것 하나를 고르라면 주저 없이 차별적 영업 콘셉트를 꼽는다. 다른 말로 하면 이렇다.

"남다른 것이 있는가?"

일종의 '개성'을 묻고 있는 것인데 그래서 영업 콘셉트는 사업주의 성향이나 기질과도 관련이 있다. 소점포 자영업자에게 영업 콘셉트란 마치 공기나 물과 같아서 없으면 안 되는 필수불가결의 요소다. 심하게 말하자면 나만의 영업 콘셉트 없이는 장사를 시작하지 말아야 한다. 설령 콘셉트가 있더라도 차별성이 없으면 콘셉트라고 부를 수 없다. 준비된 창업자인지 묻는 5가지 셀프 질문 중 다른 4가지 질문이 창업의 옳은 방향에 대한 초석을 놓는 것이라면 이 질문은 창업의 성공여부와 지속가능성을 가늠한다.

콘셉트란 한마디로 '남다른 것'이다. 다른 구석이 무조건 하나는 있어야 한다. 그것을 강점으로 만들어 영업 현장에 도입해야 하고 전략적으로 홍보해야 한다.

예를 들어 떡볶이 가게를 준비 중인데 차별화할 수 있는 마땅한 무엇이 없다면 떡을 별모양이나 구슬모양으로라도 바꾸어라. 그리고 '세상의 별별 떡볶이 또는 버블 떡볶이'라고 이름을 붙이고 지역에 이름으로라도 홍보를 하라. 이태원의 어느 떡볶이는 칼국수 면발처럼 가늘고 길다. 그래서 젓가락으로 먹어야 한다. 떡볶이 이름도 외국 가수의 이름을 흉내 내었다. 차별화를 위한 이런 노력은 아무 이름도 없이, 별다른 특징 없이 파는 평범한 떡볶이보다 덜 지루하다.

왜 떡볶이는 국물이 빨강색이어야 할까에 대한 불만도 가져보자. 국물 떡볶이는 일반 떡볶이와 다른 것이 무엇인가? 그저 국물이 좀 더 많을 뿐이다. 그것을 국물 떡볶이라고 부르며 지역에서 유명해진 것이다. 매운 떡볶이는 일반 떡볶이와 뭐가 다른가? 그저 좀 더 매웠을 뿐이다.

이 대목에서 '그게 뭐 이름 때문인가, 맛있으니까 유명해진 거지'라고 반문하지 말자. 요즘 식당치고 맛없는 식당이 있는가? 당연히 음식은 맛있어야 한다. 웬만한 자영업자들의 음식 맛이 호텔요리 빰치게 맛있는 세상이다. 필자의 이야기는 기본적으로 당신의 떡볶이 맛이 평균 이상일 것을 전제하고 던지는 말이다. 차별적인 영업 콘셉트도 기본이 갖춰졌을 때 더 빛이 난다.

• **질문 5 :** 나는 그 사업을 언제까지 할 수 있을까? 또는 하겠는가?

장사를 오래하지 못하는 이유를 분석해 보면 문제는 크게 두 부류다. 자신의 문제이거나 주변의 문제. 자신의 문제란 장사를 통해 즐거움을 얻지 못하는 경우다. 대부분의 예비창업자들은 '장사요? 최소한 몇 년은 해야죠. 들어간 돈이 얼만데.'라고 포부를 다진다. 고작 몇 개월 하자고 시작한 장사가 아니다. 그럼에도 불구하고 예측하지 못했던 문제가 덮치기 시작하자 이대로 한 달만 더 하면 머리가 터져버릴 것 같다며 그만두는 사람이 허다하다.

창업시장에도 업종마다 유행이 있다. 과거 흐름을 보면 업종 유행은 길게 잡아도 2년을 넘지 않았다. 이 시기가 지나면 소점포 자영업자는 홀로 외로운 싸움을 하듯 장사를 치러내야 한다. 이밖에도 예상치 못한 이유로 사업장을 옮기거나 폐업을 해야 하는 상황이 부지기수다.

이때 얼마나 빨리 점포를 뺄 수 있는지가 중요하다. 손해를 보든 안

보든 내가 장사를 정리하고 싶을 때 정리할 수 있는 것도 소점포 자영업자에게는 복이다. '사업을 시작하기도 전에 빠질 것을 미리 걱정해야 하나?'라고 반문하는 사람이 있을지 모르나 맞다. 발을 담그기 전에 뺄 것도 염두에 두어야 한다.

이는 사업이 잘 되는 경우도 해당된다. 사업이 잘 되면 건물주는 월세를 올리고 싶어 한다. 이때 입장차를 좁히지 못하면 2년 장사하고 떠밀리듯 나가야 하는 게 우리 자영업의 현실이다(상가임대차보호법에서는 계약갱신요구권을 5년으로 정하기도 했으나 잘 작동하지 않는다.).

종로구 계동에서 액세서리를 팔던 임 대표도 그런 케이스다. 그가 처음 그 자리를 구하던 2012년 당시 점포는 텅 빈 채 주인을 기다리고 있었다. 오랫동안 들어오겠다는 임차인이 없어 쓰레기로 보이는 물건들이 주인행세를 하고 있었다. 집주인은 처음에는 2년 계약 그 다음부터는 1년씩 재계약을 맺기로 했고, 3번째 계약을 맺으며 4년차에 접어들었다. 그동안 골목도 변화를 겪었다. 북촌 한옥마을이 뜨면서 상권이 확장, 안정화되었다. 가게라고는 임 대표의 점포뿐이던 골목에 독특한 색채의 책방도 들어서고 피아노 교습소도 오픈하고 작은 여성 옷가게도 생기며 골목이 활기를 띠었다. 그동안 점포를 알리느라 무던히도 발품을 팔던 그는 이제 한숨 돌리는 기분이었다.

그러던 차에 아직 계약 기간이 남았음에도 불구하고 집주인으로부터 당장 비워달라는 연락을 받았다. 골목이 살아나서인지 자신이 직접 장사를 해보겠다면서 말이다. 우리나라에는 엄연히 상가임대차보호법이 있다. 그건 둘째 치고 도리란 게 있고 상식이란 게 있다. 아무튼 상가임대차보호법이 임차인의 고통 받는 마음을 지켜줄 수 있을까. 이 법은 막장으로 치달았을 때 그나마 서로의 입장을 정리해주는 역할을 할 뿐 행여 법원까지 가야 한다면, 결과를 떠나서 임차인은 약자로서 시달릴 대로 시달려야 한다.

임 대표도 당장은 법에 기대어 버텼지만 임대인 역시 임 대표의 권리 주장에 보복을 별렀다. 임 대표의 말에 따르면 임대인은 그때부터는 원상회복에 대한 책임을 빌미로 괴롭히고 보복을 예고했다고 한다. 현장 상담을 하다보면 억지 쓰는 임대인도 실제로 많다. 서로의 관계가 틀어져 나가야 하는 상황이 되면 법에 호소하기보다는 더 이상 마음을 다치지 않는 선에서 임차인이 포기하면서 사태는 마무리되는 게 대부분이다. 임대인을 이기는 임차인은 정말 드물다.

그 동안 임 대표는 먹고만 살았다. 벌지도 못했고 모으지도 못했다. 그나마 임 대표는 미혼이라서 버틸 수 있었다. 이제 좀 살림이 펴나 싶더니 뜻하지 않은 상황이 닥쳤다. 이건 남의 일이 아니다. 소점포 창업자들에게 빈번하게 벌어지는 일 가운데 하나다.

장사가 잘되면 물론 좋은 일이다. 그러나 임 대표처럼 뜻하지 않은 벽에 부딪치는 일이 흔하다. 그러니 준비 단계에서 끝도 예상해 보아야 한다.

• • •

예비창업자는 창업을 결정하기 전에 이 다섯 가지 질문을 스스로에게 던져보아야 한다. 만일 답변이 궁색하거나 부정적인 답변이 나왔다면 아무리 매력적인 아이템과 업종이라도 창업 결정을 신중히 해야 한다.

• 성공 창업을 위한 질문 •

① 나는 하고자 하는 업종에 대한 핵심기술을 알고 있고, 그것을 직접 다룰 수 있는가?

② 시장은 충분히 큰가?

③ 시기적으로 적절한가?

④ 나만의 〈차별적인 영업 콘셉트〉를 갖고 있나?

⑤ 나는 그 사업을 언제까지 할 수 있을까? 또는 하겠는가?

한 장의 창업계획서에는 객관적 정보 이상의 것이 담겨 있다

창업은 투자다. 미래의 수익을 위해서 내 것을 먼저 지불하는 일이다. 그럼에도 불구하고 먼저 투입한 자원을 되찾을 수 있을지 여부를 우리는 알 수 없다. 그런 이유로 예비창업자라면 돈을 쓸 만한 가치가 있는 창업인지 스스로에게 묻고 그에 합당한 답을 먼저 얻은 후에 최종 결정을 내려야 한다.

나는 창업에 필요한 자금을 심사하고 그들의 안정 경영을 돕기 위해 컨설팅을 한다. 그러다보니 항상 두 마음을 갖게 된다. 하나는 심사자의 입장에서 갖게 되는 냉정한 마음이다. 예비창업자가 자신의 캐릭터(개성, 남다름)로 자신이 계획하는 장사를 해낼 수 있을지 '사업 가능성'을 가늠하고, 이와 동시에 이를 위해서 돈이 투자되어도 될까 하는 '자금 지원의 적합성'을 헤아린다. 심사를 하고 자금을 지원한다는 것은 나

또한 일종의 투자자가 되는 것이기 때문에 머리는 늘 차가워야 한다.

다른 하나는 컨설턴트의 입장에서 갖게 되는 넉넉한 마음이다. 심사에 통과하고 자금을 지원하는 순간 대상자는 나와 한 배를 탄 가족이 된다. 그러니 지원 받은 창업자가 그것으로 먹고 살 수 있도록 어떻게든 그에게 적절하고 필요한 멘토링을 할 수 있어야 한다고 생각한다.

이처럼 내가 지닌 마음은 지원 전과 후가 대비되는 마음이어서 종종 앞뒤가 전혀 다른 사람을 보는 것 같다는 얘기를 창업자들에게서 종종 듣고는 한다. 그러나 이 둘은 전혀 다른 게 아니다. 특히 당신이 창업자라면 숫자에 대해서는 차가운 머리를 가져야 하며, 실행에 있어서는 뜨거운 가슴을 가져야 한다.

지금까지 어림잡아 1만 명쯤 되는 예비창업자들을 상담하면서 늘 궁금한 것이 있었다.

"어떻게 창업을 준비해야 성공 가능성을 1%라도 높일 수 있을까?"

"과연 성공한 장사꾼 사이에는 어떤 공통점이 발견될까?"

이 궁금증에 대한 답을 얻기란 마치 메비우스의 띠를 따라 무한히 걷는 것처럼 끝이 없을 것 같다. 그러니 누구라도 이 궁금증에 대한 명쾌한 해답을 얻을 수 있다면 그는 장사꾼으로도 컨설턴트로도 성공할 수 있을 것이다. 나 또한 예비창업자들을 위해서 또 나를 위해서 그 답을 얻고자 늘 이 질문을 염두에 두고 일을 했었다. 그리고 명쾌하고 정확한 답은 아니지만 꽤 신뢰할 만한 답을 얻었다.

결론부터 말하자면 내가 만난 성공한 자영업자들의 공통점은 디테일까지 꼼꼼히 챙긴 한 장의 종이다. 준비된 예비창업자들이 얼마나 꼼꼼히 준비했는지는 그의 창업계획서에 그대로 드러나 있고 이미 사업체를 꾸리고 있는 창업자의 경우는 영업일지에서 단번에 알 수 있다. 창업계획서나 영업일지는 재무제표도 아니고 문학적 글쓰기와는 방향도 다르다. 그럼에도 불구하고 창업계획서를 쓰면 '치유를 위한 글쓰기'에서나 얻음직한 마음의 다스림을 경험할 수 있다. 마치 일기와도 같다. 하루를 돌아보게 하고, 오늘의 아쉬운 점을 반성하게 하고, 잘한 일에 대해 스스로를 격려하고, 내일의 영업을 다시 계획하게 만든다. 게다가 영업일지는 자신의 민낯을 마주하게 만들고 매장의 필요에 반박자 빠르게 대비하게 한다. 믿기 힘들지 모르지만 이들은 실제로 기술력이 다소 부족해도, 자금이 모자라도, 점포의 위치가 불리하더라도 창업계획서와 영업일지를 잘 쓰다 보니 어느 날 성공의 계단 위에 서 있었다고 고백한다. 즉 잘 쓴 종이 한 장에는 자신의 부족한 단점을 보완하는 힘이 있다.

필자의 경우에도 몇 차례 창업한 경험을 통해 창업계획서와 영업일지를 쓰는 과정, 즉 기록을 적어가는 과정에서 자신의 단점을 보게 되고 이를 보완하기 위해 나도 모르게 시간을 할애했던 경험이 수없이 많다. 기술이나 돈이 많은 것, 좋은 아이템을 갖고 있는 것만으로는 확인하기 어려운 게 창업자가 비즈니스를 임하는 자세인데 창업계획서에는 그가 작은 디테일에서부터 끊임없이 개선하고 발전하려고 노력하는 자세가 고스란히 반영되어 있다(물론 누가 그걸 읽어주느냐에 따라 달라질 수 있지만). 창업이란 수치화된 몇 가지 객관적 사실만으로 이루어지는 게 아니기 때문에 창업자의 자질도 매우 중요하다. 나는 서류심사에서 꼼꼼히 작성된 창업계획서를 보면 그의 경영자적 자질과 열정이 느껴져서 좋은 점수를 주고 싶은 마음이 든다. 심사자에게 좋은 점수를 받는다는 것은 창업의 가능성을 높여주는 것이니 잘 준비된 창업계획서는 분명 단점을 보완해주는 힘을 가진 게 틀림없다.

돈이 많다고 해서 내 점포의 영업일지를 어디 가서 구할 수 있을까. 간혹 비용을 들여 작성하거나 지인이 대신 작성해준 창업계획서를 받는 경우가 있다. 이런 경우는 심사를 해보면 대필 사실이 그대로 드러나게 되는데 그것은 자신의 피와 땀으로 쓴 간절한 장래계획이나 오늘의 기록이라기보다 돈을 주고 산 졸업장에 불과하다. 창업계획서, 영업일지를 통해서 내 점포의 경영 계획과 현황을 나눌 수 없을 때까지 쪼개고 결론지을 수 없을 때까지 결론지으며 재점검해야 한다. 창업자가 경우의 수를 최대한 헤아려 사업을 구상했다면 그 구상 내용은 창업계획서에 오롯이 녹아 있을 것이다. 그렇지 않으면 사업은 단명한다. 내 점포에 꼭 맞는 영업일지는 나 외에 쓸 사람이 없다. 그런 차원에서 나는 오랫동안 모은 돈과 오랫동안 꾹꾹 눌러 쓴 창업계획서 중에서 하나를 고르라면 주저 없이 창업계획서를 선택할 것이다. 창업계획서와 영업일지는 돈으로 살 수 없다.

창업계획서를 쓰는 방법

그럼 창업계획서는 어떻게 쓰면 좋을까? 실제로 예비창업자에게 창업계획서를 써야 한다고 조언하면 어떻게 써야 할지 막막해서 며칠 고민하다 덮어버렸다는 사람도 많다. 심지어 사업계획서 자체가 대단한 공부라는 선입견을 가진 사람도 많다. 일정 부분 맞다. 아마도 형식이라는 것을 먼저 떠올리기에 그런 듯싶다. 하지만 내가 권하는 창업계획서는 낙서 수준이다. 그러니 따로 작성요강도 없다.

굳이 작성요령이 있다면 '생각날 때마다 써라' 정도다. 좋은 창업계획서는 내 생각을 그대로 담은 것이므로 기승전결이 필요하지 않다. 그저 낙서장에 낙서하듯 창업과 관련해서 떠오르는 생각들이 있으면 그때마다 두서없이 적으라고 권한다. 물론 간단한 그림이나 도형, 표가 추가되면 더 좋다.

단 메모지 같은 종이는 추천하지 않는다. 낱장의 종이는 관리가 되지 않고 생각이 모아지지 않는다. 훗날 자료로 쓸 수도 없다. 창업 이후에도 볼 수 있어야 한다. 올해 기록한 것을 내년 이맘때가 되어 찾아 볼 수 있어야 한다. 두서없이 적고 낙서하듯 노트의 페이지를 넘기자. 다만 글씨를 너무 흘려 쓰지는 말자. 나중에 읽기가 힘들면 곤란하다. 또한 빼곡이 채우기보다는 여백을 남겨둔 채 적는 것이 좋다. 그 이유는 다시 들춰볼 때 떠오르는 생각이나 아이디어들을 언제라도 채우다 보면 자연스럽게 아이디어가 발전하거나 혹은 구체화되기 때문이다.

노트의 종류도 밑줄이 있는 것과 없는 것 중 취향에 맞는 것을 고르되 소장 가치가 있는 예쁘고 좋은 것을 사라. 창업계획서는 한 권의 노트를 구입하는 데에서 시작된다.

형식적인 면에서는 창업계획서는 별로 제약이 없다. 그러나 꼭 정리가 필요한 질문이 있다. 창업계획서를 쓰기로 마음먹었다면 다음 질문에 대해서는 고민하고 정리하며 기록하는 습관을 들이면 좋겠다.

① (창업동기) 나는 왜 창업을 하고 싶은 건가?

② (자기소개) 자기에게 자기를 소개하는 마음으로 경력과 경험들을 기록한다.

③ (사업계획) 어떻게 장사할 건지, 차별적 기술과 마케팅 중심으로 기록한다.

④ (자금계획) 내 돈은 얼마인지, 빌린 돈, 빌릴 돈에 대한 조달 계획 및 상환계획을 구체적으로 기록한다.

⑤ (경영예측) 예상 손익분기는 언제쯤이며 그 장사로 결국 내가 도착하고 싶은 곳은 어디인가?

그의 창업계획서

⋮

예비창업자들의 이해를 돕기 위해서 내가 읽었던 어떤 분의 창업계획서를 잠깐 소개하겠다. 그는 창업계획서 매 페이지 상단에 자기에게 던지는 질문을 적었다. 창업계획서라기보다는 셀프 문답서 형식에 가까웠다.

당시 그의 첫 페이지에는 "내가 장사를 해도 될까?"라는 문구가 적혀 있었고, 그 아래에는 답변에 해당하는 간단한 문장과 단어가 기록되어 있었다. 다음 페이지를 보니 뜬금없이 "뭘 하지?"였고 그에 대한 생각들이 낙서하듯 두서없이 적혀 있었다. 앞 페이지와 잘 연결이 되지도 않았다. 이처럼 노트의 전반부는 질문도 그에 대한 생각도 두서없었지만 노트의 페이지가 넘어갈수록 질문과 생각들이 하나의 방향으로 흐르고 있음을 알 수 있었다. 그를 심사하는 자리에서 나는 이 노트에 하나의 흐름이 있다는 걸 알고 있느냐고 물었던 기억이 있다.

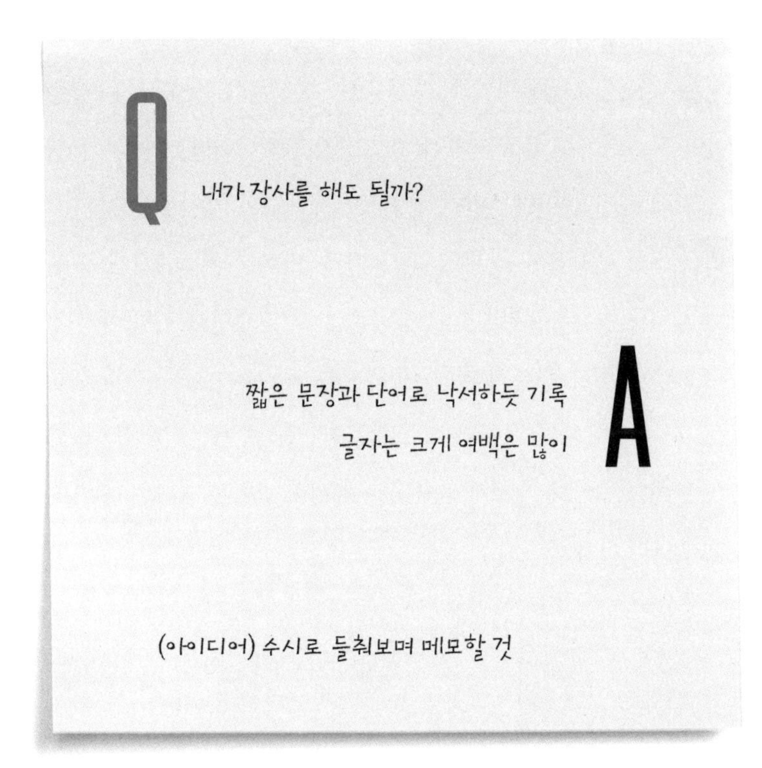

▌ 창업계획서란 특별한 형식이 존재하는 게 아니다. 깊은 고민 중에, 일상의 사소한 순간 중에 떠오르는 창업 관련 생각들을 두서없이 적어가면 된다. 기록이 쌓일수록 내가 어떤 생각을 되풀이하는지, 어떻게 생각을 전개시키고 있는지 흐름과 방향성을 알게 된다.

이러한 방식으로 창업에 대한 생각들을 노트에 적어가다 보면 자신도 모르게 얻어지는 것들이 많다.

우선은 생각이 정리된다. 막연하게 생각하던 것들이 구체화되기도 하고 더 집중력 있게 창업에 대하여 자신의 장단점을 이해하게 된다. 예를 들어 "하루에 얼마나 팔 수 있을까?"라는 질문에 생각을 적다 보면 현실적이든 비현실적이든 어느 범위의 수치가 나오게 된다. 이를 한 달 뒤에 또는 몇 달 뒤에 다시 보게 되면 좀 더 현실에 가까운 방향으로 새로운 생각이 정리됨을 알 수 있다. 창업계획이 구체화되는 것이다.

다음은 스스로 냉정해진다. 만약 "어느 지역에서 하지?"라는 질문이 있었다면 후보지역 몇 군데에 대한 장단점을 페이지별로 써 본다. 그러면 입지에 대한 나만의 시야가 열리게 된다. 내가 생각했던 지역이 창업 후보지로 적합한지 아닌지는 전문가나 잘 아는 지인에게 코칭을 받기 전까지는 알 수 없지만 노트에 기록을 하다 보면 최소한 자기 생각을 표현할 수 있는 수준이 된다. 내 생각을 표현할 수 있다는 말은 객관적인 시선으로 창업을 바라보게 되었다는 말로, 그러면 조언들이 귀에 쏙쏙 들어올 것이다. 그렇게 후보지를 가리면서 최종 선택을 해가면 최소한 후회는 없지 않을까.

• 성공 창업을 위한 질문 •

① 나는 왜 창업을 하고 싶은 건가?

② 자기에게 자기를 소개하는 마음으로 경력과 경험들을 기록해보자.

③ 어떻게 장사할 건지, 차별적 기술과 마케팅 중심으로 기록해보자.

④ 내 돈은 얼마인지, 빌린 돈, 빌릴 돈에 대한 조달 계획 및 상환계획을 구체적으로 기록해보자.

⑤ 예상 손익분기는 언제쯤이며 그 장사로 결국 내가 도착하고 싶은 곳은 어디인가?

예비비가 없다면 냉정함을 잃게 된다

허유는 원소의 브레인이었다. 조조와의 전투를 앞두고 허유와 원소는 전략에서 의견 차이를 보였다. 원소의 운이 다했음을 예감한 허유는 조조를 위한 전략을 들고 그에게 투항했다. 이미 조조 군의 상황도 꿰뚫고 있던 터였다. 그가 조조에게 물었다.

"당신의 진영에는 군량미가 얼마나 됩니까?"

"대략 일 년은 버틸 수 있소."

"장군, 다시 한 번 묻겠소. 버틸 수 있는 군량미가 얼마나 되오?"

"잘은 모르지만 한 반년은 버틸 수 있을 것이오."

"장군은 원소의 군대를 이기고 싶지 않습니까? 마지막으로 물을 테니 사실을 말해주시오?"

이미 허유를 속일 수 없다는 것을 깨달은 조조가 고쳐 말했다.

"사실은 한 달도 버티기 힘드오."

조조는 세 번 만에 주머니를 홀랑 까서 보여주었다. 그제야 허유는 품속의 전략을 조조에게 바쳤다.

"원소의 식량은 1만 수레요. 시간을 끌고 대치한다면 당신은 원소에게 이길 수 없을 것이오. 지금은 원소의 군사들과 맞설 것이 아니라 오소에 있는 병기창을 먼저 공격해야 합니다."

허유의 전략에 고개를 끄덕인 조조는 그길로 오소를 향해 대승을 거둔다. 삼국지 3대 전투 중 하나인 관도대전 이야기이다.

허유가 원소를 떠난 이유는, 허유가 원소의 미래를 놓고 점을 쳐보았기 때문이 아니라 원소가 객관성을 잃었다는 사실을 알았기 때문이다. 팩트에 근거한 판단이 아니라면 그건 모두 공상이나 허영일 뿐이다.

예비창업자의 냉정함을 잃게 하는 게 있다.

하나는 자신에게 보내는 '무한긍정'이다. 요즘 유행하는 말로는 '행복회로'에 해당한다. 예비창업자들은 '난 달라, 다 실패해도 난 잘할 수 있어, 잘 될 거야'라고 스스로에게 무한긍정을 보낸다. 어떤 일에 부딪치던 자신감은 중요하다. 그러나 기본기와 기술처럼 객관적으로 평가 가능한 항목에서조차 무작정 '나는 잘할 수 있어!' 하고 외치는 마음은 창업에 도움이 되지 못한다. 객관적으로 검증되는 영역에서는 타인의 인정을 받는 게 무엇보다 중요하다. 그런 검증의 토대 위에 자신감이 덧붙여질 때가 진짜 긍정이다.

다른 하나는 주변에서 보내주는 '무한격려'다. '맞아, 넌 성실하고 능력이 있으니 뭘 해도 잘할 수 있을 거야'라고 말해주는 무한격려가 현실감각을 무디게 만들기도 한다. 창업 여부를 결정하기 전 주변에서 보내주는 무한의 응원은 '잘 되기를 빈다'는 의미로 축소해서 받아들이는 냉정함이 필요하다. 전화를 끊고 나면 남는 것은 나 혼자이며, 깊은 밤까지 홀로 고민해야 하는 건 나뿐이다.

개업을 하자마자 매출이 안정적인 궤도에 오르는 소점포는 드물다. 자영업이라는 긴 싸움을 시작하기에 앞서 예비창업자는 자리를 잡기까지 얼마의 시간이 걸릴지 차가운 머리로 전략을 세워야 한다. 예비창업자를 상대로 상담을 하다보면 대부분의 예비창업자들은 모든 상황을 낙관한다. 그리고는 창업비용이 빠듯하다는 이유로 예비비 항목은 비워둔 채 오픈일만 생각한다. '잘 되겠지, 잘 될 거야'라는 믿음을 갖는 게 나쁘지는 않지만 내 처지를 솔직히 읽는 시간이 없다면 그 믿음은 게임을 망치는 단초가 된다. 낙관과 몽상, 빠듯한 예산이라는 문제로 6개월의 예비비를 준비할 수 없다면 창업은 다시 생각해야 한다. 현금 유동성이 낮은 업종의 경우 예비비는 더욱 충분해야 한다. 예를 들어 도소매 납품을 한다든지 계절관련 상품이 주력인 업종이라면 6개월이 아니라 1년을 버틸 수 있는 자금이 필요하다.

예비비란 없어도 그만인 돈이 아니라 1억이든 2억이든 투자된 창업자금 전체를 지키는 든든한 가드 머니(guard money), 즉 사업 지킴이다. 예비비가 없으면 안정 궤도에 접근하기 전에 생각지도 못한 일들로 초기 경영에 어려움을 겪게 된다. 개업 후 대략 3개월은 어디에 썼는지도 모르게 돈이 술술 빠져나간다. 이 작은 누수가 창업초기 경영의 발목을 잡는다. 빠듯한 예비비는 마치 배수의 진과 같아서 하루하루 행운과 불운 속에서 초조한 마음을 안고 살게 만들며, 그 불안감이 객관성을 유지하지 못하게 만든다.

한 가지 추가 주문을 덧붙인다면 예비비는 인출이 자유로운 상태보다는 몇 개월 단위의 단기 원금보장형 금융상품에 넣어두는 것이 좋다. 인출이 다소 불편한 상태로 묶어두어야 조금이라도 더 허리띠를 졸라매게 되고 예비비를 오래 지킬 수 있다.

• 성공 창업을 위한 질문 •

① 주변을 탐색하여 창업 후 예상치 못한 지출이 어느 정도였는지 조사해 보자.

② 예비비를 어떤 식으로 보관하는 게 좋을지 계획을 세워보자.

나오며

창업 콘셉트의 답은 당신이다

'자영업 인생'

이 책은 자영업 이야기를 하고 싶어 시작했지만, 어쩌면 이 책을 통해서 우리들의 인생 이야기를 하고 싶었는지도 모릅니다. 때론 힘들지만, 때론 기쁘게, 때론 마지못해, 때론 즐겁게, 어쩌다 보니 시작했고, 어쩔 수 없어 하고는 있지만, 오늘도 그 속에서 자기 꿈을 키우며 열심히 살고 있는 우리들의 모습을 격려해주고 싶었는지 모릅니다. 나아가 그 뭉근한 삶을 읽어 내고 그것을 더 나누고 싶었는지 모릅니다.

시장에서 상점에서 물건을 파는 것만이 자영업일까요? 늦은 밤 점포 문을 닫으며 하루를 마감하는 자영업자, 맡겨진 업무를 위해 이른 새벽 덜 깬 잠을 쫓으며 출근길 지하철에 몸을 맡기는 직장인을 보면서 생각했습니다. 만약 판옵티콘에서 평범한 개인들의 삶을 내려다본다면 결국 모든 인생이 자영업이라는 생각입니다. 한때 인기 몰이를 했던

TV드라마 〈미생〉에 등장하는 장그래는 바둑의 기술이 직장의 생존 기술과 다르지 않음을 서서히 터득해가고 있고, 그의 동료 안영이는 좋은 발표 자료를 만들어 회의 시간에 성공적으로 프리젠테이션을 마쳐 흐뭇합니다. 장사꾼이 더 많은 손님에게 더 잘 팔아야 하듯, 직장인도 맡은 자기의 업무를 상사와 동료에게, 거래처에 잘 팔아야만 먹고 살 수 있겠다는 생각에 직장인도 결국 자영업자에 불과하다는 생각이 들었습니다. 치킨집 사장님이 치킨을 많이 팔아야 하는 것처럼 어디서든지 우리는 자기 기술이 더 잘 팔리기를 바라며 살고 있습니다.

그래서 흔한 말, 자영업(自營業)을 다시 들여다보았습니다.

자영업(自營業)이란?

(각자의 인생에게 주어진 그것을) 스스로 경영하는(짓는) 일(업보)

그러니 살아가는 일이 곧 자영업인 것입니다. 누구나 자기 기술을 팔면서 살고 있기 때문입니다. 장소적 측면에서 직장이야 옮기면 그만이지만 직업은 다른 직장 다른 환경에서도 변함없이 이어가야 합니다. 한 번 배운 기술은 어디 가지 않으니 말입니다.

골프를 하는 인비는 어떤 상황에서도 고도의 집중력이 무엇인지를 보여주며 살고, 공을 차는 흥민은 어느 팀에 있더라도 빠르게 달려 7.32미터의 골대 안에 많은 공을 차 넣는 기술을 보여주며 삽니다. 떡볶이집 사장님은 매콤 달달한 고추장 소스를 끓여내는 기술로 먹고 살고, 저처럼 글을 쓰는 사람은 늘 새롭고 흥미로운 단어를 찾아내어 연결하고 다듬는 기술로 먹고 살지요. 필자의 처제 오 박사는 서울의 한 병원에서 불임을 연구하는 직장인으로서 월급을 받고 살지만, 불임 부부의 간절함을 이해하고 높은 임신율을 기술로 보여주면 그의 기술은 더 많이 팔릴 것입니다. 모기업 영업부에 근무하는 2년차 후배는 회사 상품을 더 많이 파는 기술로 먹고 살고, 이를 위해 자신을 편하고 유쾌한 사람으로 포장하고 있습니다. 같은 회사의 또 다른 후배는 더 간결하고 분명한 실적보고서를 만들어 매일 상사와 거래처에 제공하는 기술로 먹고 살고 있습니다. 이를 위해 그는 늘 빠름과 간결함이라는 것을 팔기 위해 고민합니다.

이렇듯 직장인도 자기 업무에 대해 인정을 받을수록 업계에서도 더 잘 팔릴 것입니다. 그들은 주어진 업무만 하면 되는 월급쟁이며 스스로 '을'이라고 생각하지만, 그중에 야망이 있는 어떤 '을'들은 더 신선한 아이디어를 내기 위해 고민하고, 누군가는 그것을 더 잘 실현하기 위해 애쓰고, 누군가는 더 좋은 결과보고서를 만들기 위해 각자는 늘 자기 기술을 연마하며 삽니다. 상대에게 인정을 받을수록 자신의 기술이 더 잘 팔린다는 것을 알기 때문이지요. 직장인들을 '고용된 자'라고 말하지만, 자기 기술을 팔며 사는 우리는 스스로를 고용한 고용주이며 자신에 대하여 '갑'입니다. 산다는 것은 뭔가를 스스로 만들고 팔면서 살아가는 일입니다. 결국 모든 인생은 자영업입니다.

"나는 평범한 인간 속에 살고 있는 위대함에 열광한다. 자신의 삶 속에서 그 위대함을 끄집어내어 훌륭한 인생을 살아가게 될 평범한 사람들의 잠재력에 몰두한다. 나는 평범하고 초라한 사람들이 어느 날 자신을 일으켜 세우는 위대한 순간을 목격하고 싶다. 나도 그들 중 한 사람이고 싶다. 그들이 꽃으로 피어날 때 그 자리에 있고 싶다."

이 글은 2013년에 돌아가신 구본형 사부님께서 하신 이야기입니다.

인생이 자영업인 우리는 자신이 가진 아주 작은 한 개의 가능성을 끄집어내며 살아갑니다. 그 하나의 가능성을 내 작품으로 만들어가는 것이 사는 동안의 숙제입니다.

센 놈은 생긴 대로 삽니다. 그래서 센 놈은 삶에 콘셉트가 있습니다. 이 말은 제 멋대로 살라는 말이 아니라 가장 자기다울 수 있는 모습으로 산다는 말입니다. 사람의 매력은 가장 자기답게 살아갈 때 아름답습니다. 남의 얼굴로 남의 옷을 입고 사는 사람은 늘 피곤합니다. 수동적이고 어색하지요. 겉으로 화려할지 몰라도 오래 매력을 전달하지 못합니다. 모든 속사람은 밝음과 어둠을 갖고 있습니다. 오늘을 어제처럼 사는 것은, 어제의 방법을 오늘 다시 꺼내어 쓰는 것은 스스로를 어제에 가두는 경직된 자의 모습일 것입니다. 삶의 프로세스를 개선하고 날마다 새로운 삶의 방식을 모색하는 것, 어두움에 집착하지 않고 오직 자신의 밝음에 시선을 맞추는 것은 자신에게 동기를 부여하고 지원하는 괜찮은 스폰서의 모습일 것입니다.

빛나는 인생을 산다는 것은 좋은 일입니다. 빛이 들어오는 만큼 어둠은 밀려나기 때문입니다. 빛이 내 안으로 흠뻑 찌르고 들어오도록 마음을 열고 내 몸의 모든 문을 열어 두어야 합니다. 그때 삶의 모든 문도 활짝 열리리라는 생각입니다. 그래서 좋은 인생은 자기 자리를 찾으려는 '관찰과 모색'에서 시작되는가 봅니다. 관찰을 통해 오직 나다운 것을 발견하는 것 말이지요. 검푸른 바닷물에 보이는 것은 물뿐이지 그 속에 물고기의 풍성함은 보이지 않습니다. 그 풍성함을 확인하는 법은 오직 확신을 갖고 줄 하나를 던지는 것입니다. 강태공이 지루함을 이긴 끝에 출렁이는 물속에서 유유히 헤엄치던 싱싱한 놈 하나를 건져내듯, 관찰과 모색을 통해 우리는 진짜 나를 건져 올려야 할 것입니다. 현실의 어두움에 눌려 한 번도 경험하지 못한, 자기의 싱싱함에 놀라워하고 감탄도 해보아야 할 것입니다.

소점포가 가게 문을 여는 것이 이와 같습니다. 검푸른 바닷물을 바라보듯 빈 공간에 채워질 고객들을 상상하는 것. 이를 위해서 필요한 것은 확신을 갖고 바라보는 관찰과 모색입니다. 늘 새롭게 업사이클링 되는 관찰과 모색 말입니다. 지루함을 이겨내는 어부가 싱싱한 놈 하나를 건져내듯 자영업자는 수없이 반복되는 미끼 던지기와 줄 당기기를 시도해야 할 것입니다. 변화, 이것이 소점포가 살아남는 기술입니다.

콘셉트는 자기 기질을 찾는 것입니다. 어느 시인은 '꽃이 피는 것은 몸속의 고통을 뱉어내기 위해서'라고 말합니다. 그렇습니다. 겨우내 몸속에 진동했던 차가움과 고통을 뱉어내기 위해서 녀석들은 꽃을 틔웁니다. 저마다 움츠려 망울을 달고 노란 녀석은 노란 속살을 피워내고 하얀 녀석은 하얀 속살을 피워냅니다. 그래서 녀석들의 들녘은 아름답습니다. 고통을 아름다움으로 바꾸어 내는 능력, 그 힘은 자기다움에서 나옵니다. 자기 기질대로 꽃을 피우는 것이지요. 투박한 아름다움으로 길 바쁜 나그네의 시선을 빼앗는 것이 야생화의 힘 아닙니까. 녀석들의 힘은 타고난 기질 대로 꽃을 피워 나그네의 시선을 빼앗고 발걸음을 사로잡는 데 있습니다. 마찬가지로 길 바쁜 고객의 발길을 사로잡는 힘 역시 자기다움(콘셉트)에 있다 하겠습니다.

더러는 길가의 꽃으로 태어나 화병 속의 꽃이 되지 못함을 한탄합니다. 화병에 담긴 꽃의 아름다움은 짧습니다. 그래서 나는 뿌리가 잘리고 몸통이 잘린 화병 속의 꽃보다 거칠고 척박한 땅에 끈질기게 뿌리를 내리고 계절을 살아 내는 야생화가 더 아름답게 보입니다.

우리의 삶은 왜 꽃보다 못할까요? 우리는 저마다 벧어내야 할 무언가를 안고 삽니다.

'벧어내기 위해서'

이것이 우리가 사는 동안 자기 꽃을 피워내야 하는 이유입니다. 직장인이든 자영업자든 우리는 자신이 어떤 꽃이었는지, 그리고 어떤 꽃을 피워낼 수 있을지 모르고 삽니다. 내가 아닌 너로 또는 군중의 얼굴로 살기에 우리의 삶은 힘겹기만 합니다. 이것이 소점포가 '따라 하기'를 멈추어야 하는 이유입니다.

길가에 핀 작은 노랑꽃을 들여다봅니다. 그리고 꽃잎 속에 들어있는 녀석의 작은 얼굴을 마주 합니다. 그 얼굴에는 힘이 있습니다. 녀석은 고통을 이기면 아름다움이 된다고 말합니다. 그 얼굴에 확신이 보입니다. 겨우내 움츠리다 각자 자기대로 꽃을 피워낸 노란 꽃에게서 소점포의 미래를 배웁니다.

감사의 글

직장을 다니며 새벽마다 글을 쓰는 일이 여전히 힘에 부칠 때가 있습니다. 그럼에도 불구하고 그 시간을 소중하게 채우고 작업을 이어가는 힘은 아직도 꿈틀거리는 구본형 사부님의 베이스톤의 울림 때문입니다. 동행하는 변화경영연구소 연구원들과 꿈벗들의 응원이 늘 힘이 됩니다. 즐겁게 인터뷰에 응해 준 하 사장과 최성우 꿈벗에게도 감사를 전합니다. 얼굴 사진을 잘 찍어준 강병일 작가의 재능기부도 고맙습니다.

창업 준비 상담을 받고 경영개선 컨설팅을 받으며 부족한 사람의 조언을 감당해주신 수많은 소점포 대표님들, 사례 인터뷰에서 자신들의 어려운 속사정을 흔쾌히 꺼내 놓으신 대표님들께 감사를 드립니다. 여러분들의 노고가 이 책에 온전히 녹아들지 못하는 부분이 있다면 그것은 필자의 부족함입니다.

'희망은 격렬하다'며 세상에 무릎 꿇지 않고, 무엇보다 자신에게 지지 않겠노라는 인생 2막의 소중한 원칙을 갖고 계신 (재)한국사회투자의 이종수 이사장, 서민들의 입을 대신하여 서민금융의 올바른 모습이 정책에 반영될 수 있도록 의견을 모으고 끊임없이 애쓰시는 서민금융연구포럼의 조성목 회장, '나는 내 책은 못 내고 마냥 남의 책 추천사만 써서 걱정이다'고 귀여운 애교를 보여주신 사회연대은행의 박상금 상임이사, 세 분께 깊이 고개를 숙입니다. 대한민국 사회적경제 선봉에 계신 세 분의 모습에서 든든함을 갖습니다. 부지런히 선배의 키만큼 자라고 싶은 마음에 여러 면에서 조급함과 걱정이 앞서기도 합니다.

부족한 자의 글을 한 권의 책으로 만드는 작업이 쉽지 않았을 터, 늘 진지함과 넘치는 응원을 보여주신 북포스의 방현철 대표에게 감사를 드립니다.

2017년을 시작하자마자 가정에 특별한 일이 있었습니다. 24년 직장생활을 지낸 아내 오수현이 사회인에서 전업주부로 인생 2막을 시작했습니다. 아쉽게도 젊음을 일터에 바치고 얻은 것이 고작 병이라니요. 퇴직 후 오전 10~11시까지 아침잠을 자는 것을 보며 '충분하다, 그럴 만한 자격이 있다'는 생각을 했습니다. 그러나 오랜 시간 직장인으로 지낸 탓에 그것도 길게 못하고 자격증을 따야겠다고 뭘 배우겠다고 다시 바쁘게 사는 모습을 보며 습관의 무서움을 봅니다. 나는 압니다. 이 또한 말려도 소용없을 것을 말입니다. 그래서 다른 마음을 전합니다. 인생 1막에서 시키는 일만 했었다면 2막에서는 하고 싶은 것을 하기를 말입니다. 차분하게 배우고 준비해서 자신에게 좋은 영향을 주는 것들을 하게 되기를 바랍니다.

음악을 하는 큰 딸 이유은. 플로어볼을 할까 음악을 할까 갈팡질팡 고민 중인 이윤겸. 너희들은 아빠의 인생이다. 여러 가지로 나를 닮았으니 너희들이 곧 나다. 그래서 아빠는 자신 있게 말할 수 있겠다. "끝까지 하는 사람이 얻는다." 치열하게 배우고 삶의 지혜들을 터득해 가기를 바란다. 배움에 겁내지 말고 생각한 것에 도전하고 실패 앞에서 작아지지 않기를 바란다. 좋은 삶을 사는 사람들 모두 실패에서 그것이 시작되었다고 말한다. 그 말을 기억해주기를 바란다.

두 분의 아버지, 두 분의 어머니 모두 건강하게 곁에 계셔서 고맙습니다. 당신들의 기도가 이루어지는 것을 바라보시기를 바랍니다.

부족한 자의 삶에 늘 기쁨과 감사를 더하여 주시는 하나님께 감사드립니다.

_ 이철민

창업을 준비하는 모든 이에게 보다 나은 창업을 준비할 수 있도록 돕고 싶었습니다. 이 책을 통하여 성공 창업을 일구고자 하는 모든 창업자를 응원합니다.

좋은 글을 쓸 수 있도록 끊임없이 일깨워준 선배 멘토들과 스타트업 동료들에게 감사의 인사를 드립니다.

얼마 전 해군에 입대한 아들에게 건강하게 자라 주어서 고마운 마음입니다. 몸도 마음도 더 건강해져서 제대할 날을 상상해봅니다. 특별히 나의 선택에 늘 격려를 해준 아내에게 고마운 마음을 전합니다.

_ 박홍인

추천사

이종수 한국사회투자 이사장

사회연대은행을 운영하면서 2,000개에 가까운 무지개가게의 창업을 도와주었다. 그들은 인생의 고난을 이겨내고 다시 시작하려는 사람들이었다. 그들에게 무지개가게는 마지막 희망이었다. 다시는 과거에 경험하였던 고난을 되풀이하지 않으리라는 의지의 표현이었고 약속이었다. 매일매일 치러야 하는 치열한 전투를 이겨내면서 무지개가게 사람들이 하는 업 속에 삶이 어우러져 있었다.

나 홀로 자영업자 400만 명.

우리는 자영업에 종사하는 인구가 OECD 회원국 가운데 네 번째로 많다. 우리나라 인구가 세계 27위이니 인구 대비 자영업자의 수가 세계 1위라 해도 과언은 아닐 것이다. 실제로 전체 경제활동인구 중 26%가 자영업에 종사하고 있는 현실이다. 그런데 최근 중소벤처기업부와 통계청에 따르면 창업 후 5년 안에 폐업하는 소상공인 비율이 72.7%에 이른다고 한다. 왜 사람들은 이렇게 쉽지 않은 길을 가는 것일까? 조기퇴직과 고령화로 별도의 생계와 노후대책을 준비하지 못한 사람들이 자영업에 내몰리고 있다. 그렇지 않아도 치열한 경쟁을 해야 하는 시장에서 이러한 현실을 알면서도 자영업을 하지 않으면 안 되는 현실이 안타깝다. 스스로 결정을 내렸든, 내몰렸든 간에 시장에서 살아남아야 한다. 한번 밀리면 빈곤의 나락으로 떨어질 수도 있다. 많은 사람들에게 있어서 자영업은 지면 안 되는 게임이다. 그러기에 더 철저한 준비가 필요하다.

자영업은 많은 요소들이 결집된 종합 예술이다. 조직을 갖춘 기업이야 여러 명의 사람들이 역할을 나누어 전투에 임하지만 대부분의 자영업은 각개전투다. 한 사람이 조직 전체의 역할을 감당해야 한다. 그래서 더 어렵다. 저자는 현장의 경험과 연구를 통하여 이 복잡한 자영업의 '살아남기' 전략을 한 가지로 심플하게 제시한다. 이론으로 보면 잘게 쪼개져 있는 경영의 여러 영역이 현장 경험을 통해 하나로 묶여 제시된다. 콘셉트(concept)! 이보다 자영업의 성공 비결을 잘 설명하는 말이 무엇일까?

힘들더라도 다시 시작하면서 웃음을 잃지 않고 하루하루 최선을 다하면서 격렬한 희망을 향해 나아가는 자영업자 여러분께 뜨거운 응원을 보낸다.

조성목 서민금융연구포럼 회장

1997년 IMF 구제금융 사태로 사회가 혼란에 빠져들 때 저자 이철민은 은행에서 일하고 있었습니다. 대개 은행 영업점은 지역상권의 중심부에 위치하는 경우가 많습니다. 그러다보니 은행 직원들은 영업점 주변에서 장사를 하는 소점포 사장님들과 자연스럽게 알고 지내게 됩니다. 그들은 전날 매출금을 입금하고 매출전표를 교환하고 잔돈을 바꾸고 이런저런 소소한 거래를 하면서 은행에 중요한 고객이 되기도 합니다. 수일 전까지도 아무 문제없이 거래하던 소상공인들이 급작스럽게 닥친 외환위기로 하루아침에 개인의 삶까지 무너지는 것을 보면서 그는 아마도 돈의 허망함을 느꼈을 것입니다. 돈이 한 사람의 삶에 얼마나 큰 부분을 차지하는지, 그 돈이 어떤 잔인함을 품고 있는지 몸으로 배웠을 것이라 짐작이 됩니다.

그는 은행을 퇴직하고 10년 넘게 사회복지와 사회적경제를 공부하고 자영업현장에서 실전 경험도 쌓았습니다. 그즈음 하게 된 일이 소상공인들의 창업자금을 심사하고 지원하는 일이었습니다. 사회 초년생 때 겪었던 은행에서의 경험들이 마음에 남아서일까요. 맡은 업무만 잘해도 될 것을 창업 관련 공부까지 해가면서 그의 오지랖은 창업상담과 컨설팅으로 확장되었습니다.

그는 부족한 자금, 부족한 기술력, 부족한 자세 등 여러 가지 부족함을 안고, 무리하게 창업에 도전하는 것이 삶에 빨간 신호등처럼 보였다고 말합니다. 그렇게 시작한 창업이 무너지면서 대출금마저 연체하게 되는 소상공인들을 보면서 그는 창업자금 지원만으로는 부족하다고 생각합니다. 소상공인들을 위해서 전문가가 붙어 체계적으로 지원하지 않으면 안 된다는 위기감이 그를 실무자 이상으로 단련하게 만들었습니다.

2016년 대한민국 자영업자 대출금 480조, 1인당 평균 대출금이 4천 7백만 원 가량입니다. 그중에서 비은행권 대출금 규모는 27% 정도입니다. 서민 자영업이 중요하고 서민금융이 중요한 이유가 여기에 있습니다. 자영업자의 대부분이 서민이기 때문입니다. 당연하게도 우리 사회는 이들을 지켜내야 합니다. 이들의 삶이 턱도 없이 오르는 월세 때문에, 대출금 이자 때문에 무너지게 해서는 안 됩니다. 자영업자를 지켜내는 것, 가족과 친구와 이웃주민을 지켜내는 것, 그것이 곧 서민경제를 지켜내는 일이라고 저자는 말합니다. 그 진심이 이 책을 쓰게 만들었다고 그는 조심스럽게 입을 엽니다.

교육과 상담, 컨설팅만으로는 한계가 있어 그는 부족한 시간을 쪼개어가며 글을 쓰고 책으로 만들었으니 이 책은 분명 살아 있는 글이며 몸으로 쓴 글입니다.

다니던 직장을 그만두고 '장사나 해볼까'라고 생각하는 사람은 물을 엎지르기 전에 반드시 이 책을 읽기 바랍니다. 시원찮은 벌이에 가게에 변화를 주고 싶은 소점포 사장님도 이 책으로 다시 한 번 마음을 굳게 하시기 바랍니다. 저자가 파헤친 '잘 파는 기술'을 흉내만 내어도 점포의 표정은 달라질 것입니다.

박상금 사회연대은행 상임이사

"創業難 守成易(창업은 어렵게 지키는 것은 쉽게)"

대한민국은 경제활동인구 대비 차지하는 자영업인구 비중이 높은 나라다. 많은 예비창업자들이 소위 말하는 돈 좀 벌어보기 위해서 창업에 도전을 하지만 수익은 고사하고 살아남기도 어려운 것이 자영업 시장이다. 이런 현실 앞에서 영세한 자영업자들이 지속가능한 사업구조를 만들려면 어떻게 준비해야 할까? 저마다 여러 가지 해법들을 이야기할 수 있겠지만 저자는 업의 본질을 명확하게 하고 사업의 콘셉트를 제대로 잡은 후에 출발하라고 조언한다.

우리가 기존에 읽었던 창업 관련 책들은 주로 실용성이 강조된 책들이다. 그 책들은 창업 준비와 운영에 필요한 경험, 자금, 상권, 전문성, 마케팅 등을 공식처럼 실천할 것을 우리에게 주문한다. 이런 요소들이 중요한 것임을 우리는 이미 알고 있다. 다만 현장에서는 그것들을 꿰는 법을 몰라 당황한다.

4차산업혁명과 함께 융합이 강조되는 세상이다. 섞이면 복잡할 것 같지만 오히려 스마트해지는 세상이 되었다. 이 책은 창업과 관련하여 이미 우리가 알고 있는, 조각조각 나뉘어 있는 요소들을 콘셉트라는 하나의 가치로 꿰어 설명하고 있다. 창업의 여러 요소가 하나로 꿰어졌을 때 어떤 힘을 발휘하게 되는지 저자는 실례를 들어 강조한다.

저자 이철민은 창업지원 업무를 하지만 그에게 상담을 받으면 말리는 경우가 대부분이라는 것을 나는 알고 있다. 서운한 마음으로 돌아서던 사람들이 왜 그와 오래도록 연락이 되고 틈틈이 컨설팅을 받으려 할까.

그 비밀이 궁금했는데 비밀의 열쇠를 알려줄 반가운 책이 나왔다.

미리 준비하여 창업의 성공 확률을 높이는 방법은 없을까를 고민하는 예비창업자들, 이제부터라도 나만의 차별화된 브랜드로 오래도록 살아남기 위해 고민하는 자영업자들이라면 이 책을 통해 꿰는 힘을 얻기를 바란다.

돈 버는 골목 점포의 비밀

파는 건 똑같은데 왜 그 가게만 잘될까?

지은이 | 이철민, 박홍인
펴낸곳 | 북포스
펴낸이 | 방현철

편집자 | 권병두
디자인 | 엔드디자인

1판 1쇄 찍은날 | 2018년 1월 12일
1판 1쇄 펴낸날 | 2018년 1월 19일

출판등록 | 2004년 02월 03일 제313-00026호
주소 | 서울시 영등포구 양평동5가 18 우림라이온스밸리 B동 512호
전화 | (02)337-9888
팩스 | (02)337-6665
전자우편 | bhcbang@hanmail.net

이 도서의 국립중앙도서관 출판시도서목록(CIP)은 e-CIP 홈페이지(http://www.nl.go.kr/ecip)와 국가자료공동목록시스템(http://www.nl.go.kr/kolisnet)에서 이용하실 수 있습니다.
(CIP제어번호: 2018000241)

ISBN 979-11-5815-015-0 03320
값 14,000원